Königs Erläuterungen und Materialien
Band 31

Erläuterungen zu

Friedrich Schiller

Kabale und Liebe

von Beate Nordmann

Über die Autorin dieser Erläuterung:
Beate Nordmann, geboren 1961 in Menden/Sauerland, studierte Germanistik und Ernährungs- und Hauswirtschaftswissenschaften in Bonn. Seit 1993 ist sie Lehrerin an der Albert-Einstein-Gesamtschule in Werdohl und arbeitet dort seit 2002 als Didaktische Leiterin.

2. Auflage 2004
ISBN 3-8044-1747-7
© 2003 by C. Bange Verlag, 96142 Hollfeld
Alle Rechte vorbehalten!
Titelabbildung: Kabale und Liebe von Schiller. ETA Hoffmann Theater Bamberg, Spielzeit 1995/96. Christina Puciata als Luise und Florian Walter als Ferdinand. Foto: Ingrid Rose.
Druck und Weiterverarbeitung: Tiskárna Akcent, Vimperk

Inhalt

Vorwort 4

1. Friedrich Schiller: Leben und Werk 5
1.1 Biografie 5
1.2 Zeitgeschichtlicher Hintergrund 14
1.3 Angaben und Erläuterungen
    zu wesentlichen Werken 20

2. Textanalyse und -interpretation 23
2.1 Entstehung und Quellen 23
2.2 Inhaltsangabe 31
2.3 Aufbau 56
2.4 Personenkonstellation und Charakteristiken ... 67
2.5 Sachliche und sprachliche Erläuterungen 78
2.6 Stil und Sprache 96
2.7 Interpretationsansätze 99

3. Themen und Aufgaben 102

4. Rezeptionsgeschichte 106

5. Materialien 117

Literatur 124

Vorwort

Kabale und Liebe ist ein Schulklassiker. Warum dies so ist, kann in vielerlei Hinsicht begründet werden. Aber unabhängig vom „Lesen müssen" bietet gerade die Lektüre Schillers viel Diskussionsstoff und Anregungen, über den eigenen Standpunkt im Leben nachzudenken.

Der junge Autor Schiller wurde durch die Erlebnisse seiner Kinder- und Studienzeit zu diesem Stück inspiriert. Es war eine Umbruchzeit auf vielen Ebenen, die naturgemäß eine Vielzahl von Konflikten hervorrief. Hier liegt auch die Modernität des Stückes: Liebeskonflikte, Generationenkonflikte und Konflikte um die Selbstbestimmung des Einzelnen gibt es auch heute immer noch.

Da liegt auch die Relevanz von *Kabale und Liebe* für Schüler heute. Jede Generation sucht Ausdrucksformen, Inhalte, die ihre Lebenswirklichkeit festhalten, ihren Protest formulieren. Durch die Betrachtung, die kritische Auseinandersetzung kann ein eigener Standpunkt gefunden werden.

Ein Problem bei der Lektüre wird die Bewältigung des Lektürestoffes sein, außerdem bereitet dem heutigen Leser die Sprache des 18. Jahrhunderts erhebliche Schwierigkeiten. Hier bietet dieser Band Hilfen zum Textverständnis und zum Interpretationsansatz an.

Zitiert wird nach Schiller, Friedrich: *Kabale und Liebe*. Ein bürgerliches Trauerspiel. Stuttgart: Reclam, 2001. (RUB 33) Zitatnachweise aus diesem der Erläuterung zugrunde gelegten Werk schließen sich direkt an das jeweilige Zitat an. Die erste Zahl gibt dabei die Seite an, die zweite die Druckzeile.

1. Friedrich Schiller: Leben und Werk

1.1 Biografie

Jahr	Ort	Ereignis	Alter
1759	Marbach	Am 10. November wird Johann Christoph Friedrich Schiller, Sohn des Wundarztes und späteren Offiziers Johann Kaspar Schiller und Elisabeth Dorothea Schiller, (geb. Kochweiß) in Marbach am Neckar geboren.	
1767	Ludwigsburg	Der Vater wird nach Ludwigsburg versetzt. Hier geht Schiller dann in die Lateinschule. Er soll Geistlicher werden. Herzog Karl Eugen, ein brutaler Despot und maßloser Verschwender in seinem Bestreben, den Sonnenkönig Ludwig XIV. nachzuahmen, wendet sich, einer Modeerscheinung seiner Zeit folgend, pädagogischen Aufgaben zu. Er hat eine „Pflanzschule" gegründet, die Nachwuchs von Offizieren und Beamten liefern soll, welche in seinem Sinne erzogen werden. Alle begabten Schüler des Landes müssen ihm gemeldet werden.	8
1773	Solitude bei Stuttgart	So wird dem Hauptmann Schiller befohlen, seinen Sohn auf	14

1.1 Biografie

Jahr	Ort	Ereignis	Alter
		der Solitude bei Stuttgart abzuliefern. Schiller fühlt sich dort in eine Zwangsjacke gesteckt. In den folgenden acht Jahren gibt es nur manchmal freie Stunden; es gibt keine Ferien, der Tag ist militärisch geregelt. Schiller beginnt ein Jurastudium. Am Anfang zählt er noch zu den Besten, verschlechtert sich dann aber immer mehr. Im dritten Jahr ist er sogar der Schlechteste. Schiller interessiert sich immer mehr für die Literatur. Zusammen mit Freunden liest er heimlich die Werke Lessings, besonders *Emilia Galotti*, Shakespeares, des Sturms und Drang und auch Goethes eben erschienenen Briefroman *Die Leiden des jungen Werthers*.	14
1775	Stuttgart	Die Akademie wird nach Stuttgart verlegt. Dort wird er zur Fakultät Medizin überwiesen; gleichzeitig besucht Schiller auch Vorlesungen der philosophischen Fakultät.	16
1776	Stuttgart	Entsetzt reagiert Schiller auf das Schicksal des schwäbischen Dichters und Journalisten Chr. F. Schubart, dem er den Stoff zu den *Räubern* verdankt. Dieser	17

1.1 Biografie

Jahr	Ort	Ereignis	Alter
		hatte den lukrativen Soldatenhandel der deutschen Landesfürsten, insbesondere auch den des Herzogs von Württemberg scharf kritisiert. Der Herzog lässt Schubart auf württembergischen Boden locken, verhaften und ohne Gerichtsverfahren für zehn Jahre auf der Festung Hohenasperg einkerkern. Unter dem Eindruck dieser Ereignisse und eigener Erlebnisse entstehen die ersten Stücke *Die Räuber* und **Kabale und Liebe**.	
1780		In diesem Jahr hält Schiller anlässlich des Geburtstages der Mätresse Karl Eugens, Franziska von Hohenheim, eine Festrede „Die Tugend in ihren Folgen betrachtet", deren Titel der Herzog selbst ausgesucht hat. Franziska von Hohenheim dient Schiller als Vorbild für die Figur der Lady Milford in *Kabale und Liebe*. Im gleichen Jahr entlässt man Schiller als Arzt aus der Akademie. Er wird Regimentsarzt im Regiment von General Augé und bleibt ungefähr zwei Jahre im kleinbürgerlichen Stuttgart.	21
1782	Mannheim	In Mannheim erscheint anonym im Selbstverlag über den Buch-	23

1.1 Biografie

Jahr	Ort	Ereignis	Alter
		händler Schwan sein erstes Stück *Die Räuber*, das am Mannheimer Nationaltheater uraufgeführt wird. Es wird ein großer Erfolg. Als der Herzog von Schillers Reise nach Mannheim erfährt, erhält er 14 Tage Arrest und ein absolutes Schreibverbot. Während des Arrestes entwirft Schiller den ersten Plan zu **Kabale und Liebe.**	
	Flucht aus Württemberg	Im September 1782 ist der russische Zar, Großfürst Paul v. Russland, zur Jagd eingeladen. Dieses Fest nutzt Schiller mit Hilfe seines Freundes Streicher, von dessen Geld er hauptsächlich lebt, um nach Mannheim zu fliehen. Er hat das fast fertige Drama *Die Verschwörung des Fiesco zu Genua* bei sich. Doch das Stück wird abgelehnt, weil Schiller es in seiner schwäbischen Mundart schlecht vorgetragen hat. Zu einer Aufführung kommt es nicht, da Schiller weiter fliehen muss über Frankfurt, nach Oggersheim und dann nach Bauerbach in Thüringen. Hier lebt er ein Jahr als Dr. Ritter und schreibt das bürgerliche Trauerspiel *Luise Millerin*, das später unter dem von Iff-	23

1.1 Biografie

Jahr	Ort	Ereignis	Alter
		land vorgeschlagenen Titel *Kabale und Liebe* berühmt wird. Außerdem entstehen die Pläne für *Don Carlos* und *Maria Stuart*.	
1783	Mannheim	Schiller wird von Dalberg, dem Intendanten des Mannheimer Theaters, mit einem schlechten Vertrag – er erhält nur sehr wenig Geld – als Theaterdichter eingestellt.	24
1784	Flucht nach Dresden	Uraufführung von *Luise Millerin* in Frankfurt a. M. und *Fiesco* in Mannheim. Schiller will unbedingt überzeugen und arbeitet hart. Von da an beginnen seine gesundheitlichen Probleme; er erkrankt an Malaria. Schiller gerät in große Geldnot, und die Schauspieler sind unzufrieden mit ihm. Sie wehren sich gegen Schillers anspruchsvolle, aber auch derbe Sprache. Er flüchtet nach Leipzig und lebt dann bei Freunden in Dresden.	25
1787	Dresden	*Don Carlos* erscheint, und Schiller beginnt mit der Arbeit an dem zeitgenössischen Roman *Der Geisterseher*. Im Juli 1787 reist Schiller nach Weimar. Dort macht er Bekanntschaft mit Herder und Wieland.	28

1.1 Biografie

Jahr	Ort	Ereignis	Alter
1788	Rudolstadt	In Rudolstadt lernt er Familie von Lengenfeld kennen, besonders Charlotte von Lengenfeld hat es ihm angetan, und begegnet Goethe zum ersten Mal. Dieser kann mit dem leidenschaftlichen und impulsiven Mann wenig anfangen.	29
1789	Jena	Schiller erhält durch Hilfe von Goethe eine Anstellung als Professor für Geschichte in Jena. Jetzt hat er die finanziellen Möglichkeiten, eine Familie zu gründen.	30
1790		Er heiratet Charlotte von Lengenfeld. In den folgenden Jahren schreibt Schiller kein Drama und nur wenige Gedichte. Er beschäftigt sich mit Fragen der Geschichte und der Philosophie, besonders mit der Philosophie Kants. In dieser Zeit erkrankt er wiederholt und ist nicht fähig zu arbeiten. Schiller übersteht diese Krankheiten, doch die Folgen der Bauchfellentzündung bereiten ihm für den Rest seines Lebens erhebliche Schmerzen.	31
1792		Ihm wird durch die französische Nationalversammlung das Bürgerrecht verliehen. Dies interessiert ihn nicht besonders, da er	33

1.1 Biografie

Jahr	Ort	Ereignis	Alter
1794		die Vorgehensweise der französischen Politiker ablehnt. Schiller und Goethe begegnen sich auf einer Sitzung der Naturforschenden Gesellschaft in Jena. Es soll eine lange Unterhaltung über Kunst und Kunsttheorie gegeben haben. Bald darauf entwickelt sich ein reger Briefwechsel, der zu einer engen Freundschaft führt.	35
1796		In Zusammenarbeit mit Goethe entstehen die *Xenien*, die im Musenalmanach[1] nach 1797 herausgegeben werden. Humboldt ist in dieser Zeit ein häufiger Gast Schillers.	37
1797		Schiller arbeitet verstärkt an den Balladen *Der Taucher*, *Die Kraniche des Ibykus*, *Der Handschuh* und an dem Drama *Wallensteins Lager*, das 1798 uraufgeführt wird. Im Mai siedelt Schiller in das Jenaer Gartenhaus um.	38
1799	Weimar	Schiller zieht mit seiner Familie nach Weimar um. In diesem Jahr wird die Trilogie *Wallensteins Lager*, *Piccolomini*, *Wallensteins Tod* in Weimar uraufgeführt. Ebenso stellt er *Das Lied von der Glocke* für den Musenalmanach fertig.	40

---

1 Erschien von 1796–1800 jährlich. Er enthielt Werke und Leseproben verschiedener Autoren.

1.1 Biografie

Jahr	Ort	Ereignis	Alter
1800		Schiller erkrankt erneut schwer. Sein erster Gedichtband erscheint und *Maria Stuart* wird uraufgeführt. Schiller beginnt mit den Arbeiten an der *Jungfrau von Orleans*, die im folgenden Jahr in Leipzig uraufgeführt wird.	41
1802		Man erhebt Schiller in den erblichen Adelsstand. Er arbeitet an der *Braut von Messina* und plant den *Wilhelm Tell*. Schiller will ein Volksstück schreiben, das Herz und Sinne interessiert und ein Stück für alle ist – wie der auf Bühnenwirksamkeit bedachte Theaterdirektor Iffland in Berlin wünscht.	43
1804		Zu Beginn des Jahres vollendet Schiller *Wilhelm Tell – Ein Schauspiel*, es erscheint bei Cotta in Tübingen. Im März wird es in Weimar uraufgeführt. *Wilhelm Tell* ist Schillers letztes vollendetes Drama. *Demetrius oder die Bluthochzeit von Moskau* bleibt fragmentarisch.	45
1805		Am 9. Mai stirbt Schiller in seinem 46. Lebensjahr nach einem erneuten Fieberanfall. Es ist in Weimar Sitte, die Begräbnisse in der Nacht ohne großen Aufwand zu begehen. Er wird am 11. Mai	45

1.1 Biografie

Jahr	Ort	Ereignis	Alter
1827		um Mitternacht von jungen Gelehrten zu Grabe getragen. In den folgenden Monaten gibt es aber immer wieder Nachrufe und Gedenkfeiern, die an den großen Dichter erinnern. Im Dezember wird Schillers Leichnam in die Fürstengruft zu Weimar überführt.	

1.2 Zeitgeschichtlicher Hintergrund

Ein Stück wie *Kabale und Liebe* ist nur zu verstehen, wenn man es im Zusammenhang mit der Zeit, in der es entstanden ist, betrachtet. Auf die geschichtliche, politische und soziale Situation des 18. Jahrhunderts verweisen die Schauplätze, das Personal und die Konfliktfronten; auch die Grundkonzeption des Stückes als „bürgerliches Trauerspiel", die in die Emanzipationsbewegung des Bürgertums des 18. Jahrhunderts gehört, zeigt den Zeitbezug.

Die letzten drei Jahrzehnte des 18. Jahrhunderts und die Zeit nach 1800 bringen große politische, soziale und kulturelle Umbrüche. Die Zustände in Deutschland unterscheiden sich von denen im sonstigen Europa und in den europäischen Kolonien. Die großen Gewinne aus den Kolonien nach der Entdeckung Amerikas sind nach Spanien, den Niederlanden, Frankreich und England geflossen. So haben sich die wichtigen Handelswege nach Westen verlagert, und Deutschland hat seine großen Handelsgesellschaften verloren. In Deutschland leben 80 % der Bevölkerung auf dem Land, die Städte sind klein und idyllisch. Noch immer gibt es eine hohe Zahl kleiner und kleinster Territorien, so dass das Land politisch, ökonomisch und kulturell zersplittert ist. Die Fürsten und andere adlige Herrschaften verbrauchen das Geld der Untertanen und scheuen auch nicht davor zurück, Untertanen in Kriegsgebiete zu verkaufen. Das Land erfährt kaum erfolgreiche Reformen; die beginnende Industrie hat in technischer Hinsicht den Anschluss an Europa verpasst.

Im Vergleich zu England und Frankreich ist das politische Bewusstsein kaum ausgeprägt. Die gesellschaftliche und wirtschaftliche Struktur erholt sich nur sehr langsam von den verheerenden Auswirkungen des Dreißigjährigen Krieges (1618–1648) und den vielen kriegerischen Auseinandersetzungen im 18. Jahrhundert.

Auswirkungen des Dreißigjährigen Krieges

1.2 Zeitgeschichtlicher Hintergrund

Im Großen und Ganzen bestehen die politischen, sozialen, ökonomischen und kulturellen Strukturen, die bereits die Epoche der Aufklärung bestimmt haben, weitgehend fort. Die Ständegesellschaft und der aufgeklärte Absolutismus existieren unangefochten weiter. Das Bürgertum steht im Dienst der Fürsten und ist erfolgreich in Handel und Handwerk. Aber nach wie vor ist es von der Teilnahme an politischer Macht ausgeschlossen. Auf Grund der erbrachten Leistungen gewinnt das Bürgertum zwar an Selbstbewusstsein, man erlaubt ihm zu dichten und zu denken, aber selbstständig politisch zu handeln wird ihm strikt untersagt.

In dieser Situation meldet sich die junge Generation zu Wort. Sie empfindet tiefes Unbehagen angesichts der bestehenden gesellschaftlichen Konventionen und der etablierten Dichtergeneration mit ihrer klassizistischen Poetik. Die jungen Literaten wollen Neues, Klingers Drama **Sturm und Drang** liefert eine griffige Parole, mit der sie sich treffend charakterisiert fühlen.

> Sturm und Drang

Die Stürmer und Dränger stammen meist aus dem Kleinbürgertum oder der Unterschicht. Sie streben nach sozialem Aufstieg, häufig unter vielen Entbehrungen und entwürdigender finanzieller Abhängigkeit. So arbeiten sie oftmals als schlecht bezahlte und gering geschätzte Hauslehrer, wodurch ihnen die Kluft zwischen ihrem hohen Bildungsniveau und ihrer geringen sozialen Stellung noch deutlicher wird. Sie fühlen sich in den vielen Kleinstaaten in überholte Feudalordnungen eingepfercht und sehnen sich danach, dem kleinbürgerlichen Leben entrinnen zu können. Ihre häufig sehr entbehrungsreiche Kindheit macht die jungen Literaten sehr empfindlich gegenüber sozialem Unrecht. Ihr Protest richtet sich gegen Standesvorurteile, Korruption, leere Konventionen und veraltete Erziehungsmethoden.

Zum ersten Mal wird in der deutschen Literatur der Mensch als Ganzes gesehen, als denkende, empfindende und sich frei von politisch-sozialen Beschränkungen entwickelnde Persönlichkeit

1.2 Zeitgeschichtlicher Hintergrund

aufgefasst. Die jungen Dichter fordern Sinnlichkeit, Fühlen und Phantasie für einen unabhängigen Menschen. Im Grunde führen sie die Anliegen der Aufklärung fort, verneinen aber alles, was autoritäre Züge annimmt. Sie wollen die unverfälschte Natur Rousseaus (1712–1778). Die Formstrenge der Dichtung soll durch radikalen Subjektivismus, Rausch und Empörung aufgebrochen werden, um das Lebensgefühl dieser Generation fassen zu können. Die Stürmer und Dränger greifen die aktuelle oder historische Wirklichkeit auf, um damit moralische, politische oder soziale Missstände offen zu legen und zu kritisieren. Dazu verwendet man scheinbar ungekünstelte, kunstlose Formen. Aber die möglichst getreue Darstellung von Gemütsbewegungen und Handlungen wird auch hier stilisiert und kunstvoll ausgeformt. Die verwendeten Stilmittel zielen im Wesentlichen auf eine gesteigerte Emphase bei der Darstellung von Gefühlsregungen.

Leitfigur Genie

Ihre Leitfigur finden die Stürmer und Dränger im Genie. Dies ist zurückzuführen auf das Konzept einer Genieästhetik, die in der Begabung des Autors den Ursprung seiner schöpferischen Leistung sieht. Im Sturm und Drang wird diese Auffassung noch gesteigert. Das Genie verfügt über eine schöpferische Begabung, mit der sich alle Regeln und Maßstäbe sprengen lassen. Das Zentrum des Genies ist das Herz. Es bildet die Grundlage aller Kraftentfaltung und ist der Ort der Gefühle und Charaktereigenschaften. Das Herz ist der Gegenpol zum Verstand. Fühlen und Handeln werden nun höher eingeschätzt als Denken und Diskutieren. Herz und Gefühl stehen aber nicht für Mitleid, Verständnis und Empfindsamkeit, sondern kennzeichnen Stärke und Tätigkeit.

Der Kult um die Genialität wird durch eine „genialische Lebensweise" begleitet. Die Autoren treten nicht mehr gelehrt und bescheiden auf, sondern möglichst auffallend und anmaßend. Die Kritik der älteren Literatengeneration richtet sich gegen diese laute Selbstdarstellung: Die Jüngeren werden in ihrem exaltierten

1.2 Zeitgeschichtlicher Hintergrund

Gebaren, ihren übertreibenden Texten, ihren illusorischen Ideen als unbeherrschte und unseriöse junge Männer lächerlich gemacht.

Straßburg ist die „Geburtsstadt" des Sturms und Drangs. 1770 treffen hier Goethe und Herder zusammen. Der Straßburger Literaturzirkel um Goethe führt heftige Diskussionen mit Lenz, Klinger, Wagner und Herder. Er bildet die erste Gruppe der Rebellen. Ihr Organ ist die Schrift „Von deutscher Art und Kunst". Auch Stuttgart tritt mit Schubart und Schiller ins literarische Blickfeld, und in Göttingen schließen sich Studenten zum Hainbund, der zweiten Rebellengruppe, zusammen.

Die bislang sehr eingleisige Entwicklung in Deutschland wird nun langsam differenzierter, im letzten Drittel des Jahrhunderts überschlagen sich die Ereignisse. Es kommt zur wohl dichtesten Situation in der deutschen Literaturgeschichte überhaupt. Kaum eine Epoche hat mit ihren Ideen, Entwürfen und Texten in solchem Maße in die literarische Zukunft weitergewirkt. Werke im Sinne eines genialischen Individualismus entstehen um 1770; zunächst nur wenige, das ändert sich aber im nächsten Jahrzehnt. Von etwa 1770 bis nach 1800 belebt sich die literarische Diskussion und Produktion im deutschen Sprachraum in ungeahntem Maße. Es entstehen aus unterschiedlichen Strömungen heraus eine Unzahl an Werken, wie Goethes Briefroman *Die Leiden des jungen Werthers* (1774). Dieser Roman ist der erste, der in mehrere europäische Sprachen übersetzt wird.

Nun beginnt sich der soziale und kulturelle Wandel auszuwirken, der eng mit den gesamteuropäischen Modernisierungsprozessen im 18. Jahrhundert verbunden ist.

Allmählich entwickeln sich die Handelshäuser in den Städten Leipzig, Hamburg, Bremen und Frankfurt, und die Manufakturen in Schlesien, Augsburg und entlang der Ruhr und Wupper werden konkurrenzfähig. In den Residenzstädten bildet sich eine bürgerliche Schicht von Ärzten, Juristen, Professoren, Pfarrern und hohen

1.2 Zeitgeschichtlicher Hintergrund

Verwaltungsbeamten heraus, die sich vom alten zünftisch-ständischen Bürgertum der Kaufleute und Handwerker abhebt und leistungs-, aufstiegs- und bildungsorientiert ist. Lang zurückgehaltene kritische Positionen finden nun Gehör. Deshalb gilt in der Geschichtsschreibung das Jahr 1770 als Epochenschwelle, es kommt zu einer Umbruch- und Neugründungsphase auch im kulturellen und sozialen Selbstverständnis der Bürger, in der die Literatur eine entscheidende Rolle spielt.

1770 Epochenschwelle

Was sich im literarischen System verändert, ist zunächst einmal die Haltung einzelner Autoren und kleinerer Teile des Publikums. Sie verständigen sich auf neue Inhalte und entwickeln neue Formen. Langsam gewinnt die Entwicklung an Breite, die neuen Formen der Literatur werden populär.

In der Literatur und in anderen Medien entstehen so radikale Veränderungen, die nicht unbedingt eine Entsprechung in den sozialen Rahmenbedingungen finden.

Zu einer besonderen Herausforderung wird die Französische Revolution, die mit ihren neuen Ideen und Organisationsformen zunächst auch die deutschen Diskussionen beeinflusst. Nach einigen Monaten engagierter Parteinahme flacht aber die Diskussion zunehmend ab, und die Deutschen wenden sich den Idealen des aufgeklärten Absolutismus zu.

Die Literatur befreit sich zunehmend aus ihrer alten Einbindung in universelle Gelehrsamkeit, Nützlichkeitsdenken und Gesellschaftstheorie. Die Literatur entwickelt zunehmend eigene Maßstäbe, nach denen sie einen eigenen autonomen Kunstbereich gestaltet. Als die wichtigsten Theoretiker dieser Epoche gelten Hamann und Herder. Die neuen literarischen Konzepte tragen zur Schaffung eines veränderten Menschenbildes bei.

Die Haltung der Stürmer und Dränger setzt eine ästhetische Lernfähigkeit der Zuschauer und Aufgeschlossenheit für historisch hergeleitete und theoretisch belegte Neuerungen voraus. Diese

1.2 Zeitgeschichtlicher Hintergrund

findet sich letztendlich nur bei der literarischen Avantgarde und nicht im breiten Publikum.

Kennzeichnend ist die Kürze der Epoche des Sturms und Drangs. In den 1770er Jahren ist die Radikalisierung der Äußerungen zu politischen oder moralischen Positionen der jungen Autoren angestrebtes Ziel. Kurz darauf wird das als jugendliche Übertreibung angesehen und in vielen Fällen (z. B. Klinger oder Jacobi) durch Überarbeitung der Werke entschärft.

1.3 Angaben und Erläuterungen zu wesentlichen Werken

„Durch alle Werke Schillers geht die Idee von Freiheit, und diese Idee nahm eine andere Gestalt an, so wie Schiller in seiner Kultur weiterging und selbst ein anderer wurde. In seiner Jugend war es die physische Freiheit, die ihm zu schaffen machte und in seine Dichtungen überging, in seinem späteren Leben die ideelle." (Goethe)[2]

Die Räuber (1782)
Karl und Franz, die verfeindeten Brüder des Grafen von Moor, sind absolute Gegensätze. Beide werden zu Verbrechern, die gegen die Vaterautorität rebellieren. Franz empört sich gegen die Sinnlosigkeit der Welt, indem er seine Pläne mit berechnender Vernunft verfolgt. Karl fordert Rache an einer verdorbenen Gesellschaft. Beide zerbrechen an der göttlichen Ordnung.

Die Verschwörung des Fiesco zu Genua (1783)
Der adlige Titelheld schwankt zwischen dem Kampf für die Freiheit der Republik und eigenem Machtstreben. Zusammen mit anderen Verschwörern stürzt er den tyrannischen Herrscher und will dann die Alleinherrschaft erlangen. Ein Mitverschwörer tötet ihn, um die Sache des Volkes zu retten.

Kabale und Liebe, zunächst: *Luise Millerin* (1784)
Das bürgerliche Trauerspiel zeigt eine realistische Sicht der biederen deutschen Bürgerwelt und der lasterhaften Umgebung eines Fürsten. Durch Intrigen wird die nicht standesgemäße Liebe zwischen einer Bürgerlichen und einem Adligen zerstört; sie sterben beide. Die idealistische Liebe des Präsidentensohnes Ferdinand zur schwärmerischen, kleinbürgerlichen Musikertochter Luise

---

2 Zitiert nach Grabert, S. 81.

1.3 Angaben und Erläuterungen zu wesentlichen Werken

muss tragisch enden, weil sie der Welt der Intrige, Mätressenwirtschaft, Ämtergier und Gewissenlosigkeit nicht standhalten kann. Durch den Tod der beiden Liebenden wird der despotische Präsident und seine machtgierige Gefolgschaft bloßgestellt. So hatte bisher noch niemand mit scharfem Realismus die korrupten Zustände und die im System liegende Skrupellosigkeit, welche menschliche Gefühle zerstört, dramatisch dargestellt.

Don Carlos (1787)
Dem absoluten Monarchen Philip II. von Spanien tritt der Marquis Posa gegenüber, ein Freund Don Carlos'. Er zeigt die Unbeirrbarkeit eines Idealisten, dessen Untergang den Glauben an die Freiheit nicht zerstören kann. Er opfert sich für Carlos und erlangt dadurch Größe, während die bestehende Ordnung nicht überleben kann, da sie die Menschenwürde verachtet.

Wallenstein-Trilogie (1797–1799)
Sie macht die Zeit der Religionskriege lebendig und umfasst die Tragödie des Idealisten wie des Realisten. So sucht Max Piccolomini den Tod, um seine sittliche Freiheit zu bewahren. Für Wallenstein ist kluge Berechnung maßgebend. Er wird in dem Augenblick zum Opfer, als er seine Entscheidungsfreiheit zurückgewinnen möchte.

Maria Stuart (1800)
Der Gegensatz der Königinnen wird stark betont. Elisabeth, die politische Siegerin, bleibt vereinsamt zurück. Maria sieht in dem ungerechten Urteil die Sühne für frühere Schuld und gewinnt, das Todesurteil annehmend, an Einsicht und innerer Stärke.

Die Jungfrau von Orleans (1801)
Der tragische Konflikt spielt sich im Inneren der Heldin, eines einfachen Hirtenmädchens, ab. Sie ist berufen, das Land aus den Händen der Engländer zu befreien. Durch die Liebe zu ihrem

Feind, einem Engländer, gerät sie in einen tragischen Konflikt. Die Gefahr der Untreue gegenüber ihrer Berufung überwindet sie durch ihren Tod.

Die Braut von Messina (1803)
In der Familientragödie verlieben sich zwei verfeindete Brüder in dasselbe Mädchen. Don Cesar erdolcht seinen Bruder, erst dann erkennt er in der Geliebten seine Schwester. Für ihn gibt es nur eine Möglichkeit, die Freiheit wiederzugewinnen: Er tötet sich zur Sühne für seine Verbrechen.

Wilhelm Tell (1804)
Das Volk der Schweizer wird vom Vogt Geßler grausam unterdrückt. Während die Bewohner der drei Urkantone dem erlittenen Unrecht mit einem Schwur am Rütli begegnen, mit dem sie ihren Willen zur Freiheit und zur gemeinsamen Zukunft bekunden, bedarf es erst der Apfelschuss-Szene, um Tells naives Vertrauen in die gegebene Ordnung zu erschüttern. In seinem Monolog (IV, 3) gelangt er durch Reflexion zum bewussten politischen Handeln: Es ist auch eine Tat für die Gemeinschaft, für einen Staat ohne Standesunterschiede und ein Leben in Freiheit.

2. Textanalyse und -interpretation

2.1 Entstehung und Quellen

Das Stück ist von Schiller zunächst unter dem Titel *Luise Millerin* geplant worden. Dieser Titel entsprach der Tradition des bürgerlichen Trauerspiels, das seit Lessings *Miss Sara Sampson* gern die Hauptakteure im Titel nannte. Auf den Vorschlag Ifflands hin wurde der Titel noch während des ersten Druckes in *Kabale und Liebe* geändert, weil das Stück so publikumswirksamer werden sollte.

Großen Einfluss hatten in den 70er Jahren die Stücke von **Heinrich Leopold Wagner**. Auch Schiller kannte dessen Dramen, so auch das Stück *Die Reue nach der Tat* (1775). Der Handlungsverlauf in *Kabale und Liebe* ist diesem sehr ähnlich, auch gleichen sich die Figuren: Musikus Miller als Vater von Luise erinnert an Wagners Kutscher Walz, den Vater der unglücklichen Friderike. Ebenso verhält es sich mit dem Stück *Die Kindsmörderin* (1776); hier stellt Wagner – wie später Schiller – dem biederen Vater eine ehrgeizige Mutter zur Seite, der es schmeichelt, dass ein adliger Offizier an der Tochter Gefallen findet.

> Quellen

Die Figur des Ferdinand ist vom Helden in **Johann Anton Leisewitz'** Stück *Julius von Tarent* beeinflusst. Beide wollen gegenüber der bestehenden Gesellschaftsordnung das Recht des Herzens geltend machen. Ein Vergleich beider Stücke zeigt in einigen Passagen wortwörtliche Übereinstimmung.[3]

Weitere Anregung lieferte Schiller das Stück *Der deutsche Hausvater* von **Freiherr Otto von Gemmingen**. Dort liebt Graf Karl die Tochter eines Malers, bei dem er Zeichenunterricht nimmt, wie Ferdinand Flötenstunden bei Miller. Der Lady Milford entspricht die Gräfin Amaldi. Zusammen mit dem geschwätzigen Schönling,

---

3 Vgl. *Kabale und Liebe* I, 4 und *Julius von Tarent* II, 1.

2.1 Entstehung und Quellen

dem Hofmarschall von Kalb sehr ähnlich, ergibt sich eine Personengruppierung wie in *Kabale und Liebe*. Auch hier wechseln die Schauplätze zwischen Adelspalais, Bürgerstube und Boudoir der adligen Dame.

Schiller hatte eingehend **Lessing** studiert, dies zeigen die Stellen, an denen nach Lessings Art ein Gesprächspartner in rhetorischer Frage die Aussagen seines Gegenübers wiederholt.

Die Anlage der Figur des Sekretärs Wurm zeigt Parallelen zu dem raffinierten Kammerherrn Marinelli, der seinem Herrn in Lessings *Emilia Galotti* (1772) den Weg zu einem Mord ebnet.

Einen der beliebtesten Nachfolgeromane des *Werthers* – *Sigwart, eine Klostergeschichte* (1776) von **Johann Martin Miller** – kannte Schiller auch. In einer Szene dieses Romans dringt der Vater des adligen Liebhabers in das Haus des Bürgers ein, um dessen Tochter zur Aufgabe des Verhältnisses mit seinem Sohn zu zwingen, damit er eine adlige Dame heiraten könne. Besonders die Dialoggestaltung Millers beeinflusste Schiller hier sehr.

Die Arbeit an *Kabale und Liebe* lässt sich anhand zahlreicher Briefe gut nachvollziehen.

Entstehung

Da Schiller zur Entstehungszeit dieses Stückes immer davor Angst haben musste, ausgeliefert zu werden, hielt er mit Freunden brieflich Kontakt.

Er begann mit der Arbeit zunächst voller Elan, dieser flaute aber immer mehr ab. Es entstanden im Sturm und Drang überwiegend Lesedramen, die dann, wenn sie aufgeführt werden sollten, umgearbeitet werden mussten, um auf der Bühne aufführbar zu sein. Dies erschwerte den Abschluss des Stückes ebenfalls, da es Schiller schwer fiel, fertige Stücke erneut bearbeiten zu müssen.

Nach Aussagen von Caroline von Wolzogen, spätere Schwägerin Schillers, hat Schiller den Plan zu diesem Trauerspiel während des Arrestes in Stuttgart gefasst, einer Zeit, in der Schiller durch Gefühle wie Hass, Auflehnung und Empörung gegenüber dem fürstlichen Despotismus bestimmt wurde. Das Verhältnis zu Herzog Karl Eugen verschlechterte sich immer weiter, und er hob das

2.1 Entstehung und Quellen

über Schiller verhängte Publikationsverbot nicht auf. Zusammen mit seinem Freund Andreas Streicher floh Schiller nach Mannheim. Auf der Flucht gewannen die Figuren und die Handlung des Stückes zunehmend an Form.

Aus Streichers Buch *Schillers Flucht* (1836) wissen wir über die folgenden Monate recht gut Bescheid.[4] Schiller war enttäuscht darüber, dass die zweite Fassung seines *Fiesco* vom Intendanten des Mannheimer Theaters abgelehnt worden war. Außerdem bestand die Gefahr, dass er als Deserteur nach Stuttgart ausgeliefert werden könnte. Deshalb verließ er Oggersheim und zog nach Thüringen. In Bauerbach, dem Besitz der Mutter eines Stuttgarter Studiengefährten, Henriette von Wolzogen, lebte Schiller unter dem Pseudonym „Dr. Ritter" von Dezember 1782 bis Juli 1783. Hier wurde das Manuskript der *Luise Millerin* in wesentlichen Partien geschrieben und auch vollendet.

Bauerbach, ein kleiner, sehr abgelegener Ort, bedeutete zunächst für Schiller nach seinen turbulenten Reisen einen Ort der Ruhe und Sicherheit. Er nahm sich vor, hier die *Luise Millerin* „in zwölf oder vierzehn Tagen zu beenden" und auch sonst „entsetzlich viel zu arbeiten".[5]

In Bauerbach schaffte Schiller es nicht, sich an seine Vorgaben zu halten, aber bis Mitte Februar waren die Hauptpartien des Stückes fertig. Als zum Jahreswechsel Henriette von Wolzogen und ihre Tochter Charlotte nach Bauerbach kamen, begrüßte er begeistert die Gesellschaft der Damen und fand für seine Arbeit nun erst recht keine Zeit.

Schiller verliebte sich Hals über Kopf in die hübsche Charlotte. Sie mochte ihn zwar, war aber keineswegs in ihn verliebt.

Bis Mitte Februar war die *Luise Millerin* so weit beendet, dass Schiller mit der Abschrift beginnen konnte. Schillers alter Freund Streicher machte inzwischen in Mannheim publik, dass Schiller

---

[4] H. Kraft (Hrsg.): *Andreas Streichers Schiller-Biographie*. Mannheim: Bibliographisches Institut, 1974.
[5] Ebd., S. 104 ff.

2.1 Entstehung und Quellen

kurz vor der Beendigung eines bürgerlichen Trauerspieles stünde. Intendant Dalberg, der eine erfolglose Spielsaison hinter sich hatte, wurde aufmerksam, wandte sich, für Schiller unerwartet freundlich, an ihn und bekundete sein Interesse. Schiller stand zu diesem Zeitpunkt in Verhandlungen mit dem Leipziger Verleger Weygand, um seinen Schuldenberg endlich abbauen zu können. Als diese Verhandlungen auf Grund finanzieller Fragen scheiterten, informierte Schiller Dalberg über das neue Stück. Dieser wollte es unbedingt überarbeitet für seine nächste Spielsaison in Mannheim haben. Schiller hatte auf Grund seiner Erfahrungen mit Dalberg bei den Verhandlungen um sein Stück *Fiesco* seine Zweifel, mit Dalberg ins Geschäft zu kommen.

> *"Ob ich mit Dalberg zu Rande kommen kann, zweifle ich. Ich kenne ihn ziemlich, und meine ‚Luise Millerin' hat verschiedene Eigenschaften an sich, welche auf dem Theater nicht wol pasieren. Zum exempel die gothische Vermischung von komischen und tragischen, die allzu freie Darstellung einiger mächtigen Narrenarten und die zerstreuende Mannigfaltigkeit des Details. Eröfnen Sie mir Ihre Meinung darüber. Eh ich mich in einen weigandartigen Handel mit Dalberg einlaße, will ich die Sache lieber gar nicht in Bewegung bringen."* [6]

Dalberg nahm Mitte April das Stück an und Schiller ging nun mit großem Elan an die Vollendung des Stückes.

> *"Meine ‚Luise Millerin' jagt mich schon um 5 Uhr aus dem Bette. Da sitz ich, spitze Federn und käue Gedanken. Es ist gewiss und wahrhaftig, dass der Zwang dem Geist alle Flügel abschneidet. So ängstlich für das Theater – so hastig, weil ich pressiert bin, und doch ohne Tadel zu schreiben, ist eine Kunst. Doch gewinnt meine Millerin, das fühl ich."* [7]

---

6 Brief an Reinwald; NA, S. 74. Zitiert in historischer Schreibweise.
7 Brief an Reinwald am 3. Mai; NA, S. 85.

2.1 Entstehung und Quellen

Aus diesem Brief wird ersichtlich, dass Schillers anfänglicher Schwung, mit dem er das Trauerspiel begonnen hatte, erlahmte. Auch die zwischenzeitliche Beschäftigung mit anderen Dramenstoffen wie *Maria Stuart* und *Don Carlos* zeigen, dass sein Interesse an *Luise Millerin* schwand. Aus dieser Arbeitsphase ist nur der Entwurf zur Szene II, 3 überliefert, das sog. Bauerbacher Fragment. Es ist die einzige erhaltene Handschrift von *Kabale und Liebe* überhaupt.

> Bauerbacher Fragment

Trotzdem nahm Schiller sich vor, die *Luise Millerin* Anfang Mai für das Theater fertig zu stellen. Er konnte dieses Vorhaben aber erneut nicht einhalten, denn Mitte Mai reisten wieder die Damen Wolzogen an, und seine Leidenschaft für Charlotte von Wolzogen verhinderte seine Arbeit völlig. Je größer seine Liebe zu dieser Frau wurde, desto mehr zog sich Schiller aus dem gesellschaftlichen Leben zurück. So zeigte er auch kein Interesse daran, Beziehungen zu literarischen Größen in Gotha und Weimar zu knüpfen. Nachdem die Damen Ende Juni wieder abgereist waren, waren seine Geldsorgen so groß, dass er sich seiner Arbeit notgedrungen zuwenden musste.

Er hatte das Stück erheblich umzuarbeiten. So wertete er die Figur der Lady weiter auf und berücksichtigte insgesamt mehr die Gegebenheiten einer Theaterbühne.

Henriette von Wolzogen sorgte letztendlich dafür, dass Schiller nach Mannheim reiste, um die *Luise Millerin* zur Aufführung zu bringen und einen Vertrag als Theaterdichter abzuschließen.

Schiller musste dafür zu *Fiesco* und *Luise Millerin* ein drittes Stück innerhalb der Vertragszeit liefern. Im Januar 1784 wurde Schiller außerdem in die Kurfürstliche Deutsche Gesellschaft in Mannheim aufgenommen. Schiller war damit kurpfälzischer Untertan und konnte sich nun endgültig vor einer Auslieferung an Württemberg sicher fühlen.

Er glaubte jetzt seine schriftstellerische Laufbahn mit dem Festgehalt von 300 Gulden jährlich, zuzüglich der Einnahmen aus jeder Aufführung, finanziell abgesichert zu haben, doch waren

2.1 Entstehung und Quellen

seine finanziellen Erwartungen viel zu hoch gegriffen, und er rutschte immer tiefer in Schulden.

August Wilhelm Iffland, Theaterdichter und Schauspieler in Mannheim, las die *Luise Millerin* und schlug danach eine Titeländerung in *Kabale und Liebe* vor, um das Stück vom Titel ausgehend interessanter zu machen. Dalberg und Schiller stimmten dem zu. Im April fand die Uraufführung des Trauerspiels durch Großmanns Bonner Truppe in Frankfurt/Main statt und wurde ein enormer Erfolg.

So konnte Schiller einerseits die hoch gelobte Aufführung seines Stückes erleben, andererseits versetzten ihn seine wachsenden Schulden in tiefe Zweifel, ob er den richtigen Beruf gewählt habe. Hinzu kam, dass Mannheim als Kulturstadt zunehmend an Bedeutung verlor und Schiller seine Stelle als Theaterdichter nicht behalten konnte. Dalberg gab ihm den Rat, wieder in seinen alten Beruf als Arzt zurückzukehren.

Der turbulente Aufenthalt in Mannheim – große Erfolge am Theater, zunehmende finanzielle Schwierigkeiten, eine unglückliche Liebe zu der verheirateten Charlotte von Kalb und eine schwere Lungenkrankheit – endete damit, dass seine Wirtsleute die größten Gläubiger auszahlten und Schiller das Hilfsangebot von Freunden aus Thüringen annahm. Ohne Perspektive, weiter als Schriftsteller arbeiten zu können, verließ Schiller für immer den süddeutschen Raum.

ein „bürgerliches Trauerspiel" Schiller hat *Kabale und Liebe* auf dem Titelblatt als ein „bürgerliches Trauerspiel" bezeichnet. Er hat es damit einer Gattung zugeordnet, die zur Erscheinungszeit des Stückes noch relativ neu war.

Die Tragödie des deutschen Barocks und der französischen Klassik war ein Drama der öffentlichen Handlungen und hoch gestellten Persönlichkeiten. In diesen Stücken waren der Stand tragödienfähiger Personen (Könige, Fürsten u. a.), der Charakter tragödienfähiger Themen (Staatsaktionen), der Stil tragödienfähi-

2.1 Entstehung und Quellen

ger Rede (Vers, leidenschaftliches, rhetorisch ausgeschmücktes Pathos) und die Präsentationsweise tragödienfähiger Handlungen (Einheit von Zeit, Ort und Handlung) genau festgelegt. Dieses Regelsystem normierte seit der Renaissance die gesamte europäische Dichtung. Die so genannte Ständeklausel legte nicht nur die soziale Stellung der handelnden Personen fest, sondern auch die soziale Rangfolge der behandelten Themen. Bürgerliche und auch Konflikte bürgerlicher, privater Thematik waren nicht tragödienfähig. Familien- und Geschäftskonflikte gehörten ins Lustspiel.

Dramenstoffe

Kriterium	Tragödie	Komödie
- Stand der Personen „Ständeklausel"	Hoch (Adel)	Niedrig (Bürger, Handwerker)
- Sprache	Erhaben, rhetorisch ausgefeilt	Umgangssprache
- Moralische Ausgangsposition	Gut, edel	Gewöhnlich
- Ende	Traurig	Glücklich

Das änderte sich, als Lessing 1755 erstmals in Deutschland eine bürgerliche Person zum Träger der tragischen Handlung machte und einen bürgerlichen, privaten Familienkonflikt in den Mittelpunkt stellte. Sein bürgerliches Trauerspiel *Miss Sara Sampson* verwendete dabei eine Vorlage des englischen Autors George Lillo, der sein 1731 erschienenes Drama *Merchant of London* in bürgerlichen Kreisen spielen ließ.

Die soziale Herkunft der handelnden Figuren hatte ihre Bedeutung verloren. „Bürgerlich" am bürgerlichen Trauerspiel ist die zentrale Auseinandersetzung mit bürgerlicher Alltagswirklichkeit, mit Wertmaßstäben der Kleinfamilie und deren Konflikten.

2.1 Entstehung und Quellen

> Trauerspiel ist Teil der Emanzipationsbewegung der Bürger

Das bürgerliche Trauerspiel ist Teil der Emanzipationsbewegung der Bürger im 18. Jahrhundert durch die Aneignung der hohen Literaturgattung Tragödie für bürgerliche Themen, bürgerliche Konflikte, Wertvorstellungen und bürgerliche Kommunikationsformen. Familienkonventionen und Selbstbestimmung des Einzelnen sind die Pole, um die das bürgerliche Trauerspiel seine Personen und Handlungen anordnet.

In seinem klassisch gewordenen Trauerspiel *Emilia Galotti* fügte Lessing ein weiteres Gestaltungselement, die Anklage gegen die Willkür der Fürsten und gegen ihre gewissenlose Verwaltung, hinzu. Sein 1772 uraufgeführtes Stück wurde zum Vorbild für eine Reihe von Proteststücken, die durch die Autoren des Sturms und Drangs (Lenz, Klinger, Wagner) noch weit schärfere Vorwürfe gegen die Ständegesellschaft erhoben.

Auch Schiller, mit dessen *Kabale und Liebe* diese Stücke-Serie 1784 ihren letzten Höhepunkt und Abschluss fand, hat sich an Lessings *Emilia Galotti* orientiert. In seinem Stück werden die drei Themenbereiche Familienkonflikt, Standesproblematik und Absolutismuskritik noch einmal zusammengefügt.

Die theoretischen Überlegungen zur gesellschaftlichen Funktion des Dramas entnahm Schiller den damals bekannten Thesen des Franzosen Sebastian Mercier. Dieser ging davon aus, dass das Drama eine Schule für Tugend und Pflichten des Bürgers sein sollte. Merciers Thesen sind in Schillers Vortrag „Die Schaubühne als eine moralische Anstalt betrachtet" eingegangen, den er wenige Monate nach der Aufführung seiner *Kabale und Liebe* in Mannheim hielt:

> *„Die Gerichtsbarkeit der Bühne fängt an, wo das Gebiet der weltlichen Gesetze endigt. Wenn die Gerechtigkeit für Gold erblindet und im Solde des Lasters schweigt, wenn die Frevel der Mächtigen ihrer Ohnmacht spotten und Menschenfurcht den Arm der Obrigkeit bindet, übernimmt die Schaubühne Schwert und Waage und reißt die Laster von einem schrecklichen Richterstuhl."* [8]

---
[8] Schiller, *Was kann eine gute stehende Bühne eigentlich bewirken?*, S. 825.

2.2 Inhaltsangabe

Zitiert wird nach Schiller, Friedrich: *Kabale und Liebe*. Ein bürgerliches Trauerspiel. Stuttgart: Reclam, 2001. (RUB 33) Zitatnachweise aus diesem der Erläuterung zugrunde gelegten Werk schließen sich direkt an das jeweilige Zitat an. Die erste Zahl gibt dabei die Seite an, die zweite die Druckzeile.

Um zu differenzierten Aussagen über das Verständnis des Stückes und die Aussageabsicht des Autors zu gelangen, ist es sinnvoll, die unterschiedlichen Konfliktebenen, den Liebeskonflikt zwischen Luise und Ferdinand, den Generationskonflikt zwischen Vätern und Kindern, den Klassenkonflikt zwischen Bürgertum und Adel in ihrer dramaturgischen Entfaltung zu betrachten und die gesellschaftliche Ebene herauszuarbeiten.
Erste Hinweise auf das im Stück vorhandene Konfliktpotenzial liefern die Personen- und Ortsangaben. Bürger und Adlige handeln zumeist in ihrem sozialen Milieu und werden darin in Abgrenzung zur anderen Gesellschaftsschicht beschrieben. Daraus ergeben sich gegensätzliche Paare: Musikus Miller und der Präsident, Luise Millerin und Lady Milford, Ferdinand und Sekretär Wurm.
Auslöser der Kabale ist der Sekretär Wurm, der als Bürgerlicher im Dienst des Adels steht und dessen Interessen vehement vertritt. Er möchte Luise gern heiraten, sie ist aber in den Adligen Ferdinand von Walter verliebt. So kommt es ihm sehr gelegen, als Ferdinands Vater über Möglichkeiten nachdenkt, wie er seinen Sohn gemäß seinen Karriere-Interessen verheiraten kann. Ferdinand möchte die Standesgrenzen individuell durchbrechen, indem er sich zur Bürgerstochter bekennen und sie heiraten will. Auch Luises Vater ist mit dieser Liebesbeziehung nicht einverstanden, da sie gemäß seinen Erfahrungen nur Schmerz für Luise bereithält. Die Ankündigung der Heirat führt zur offenen Konfrontation zwischen adliger und bürgerlicher Welt, die im jeweiligen Mili-

2.2 Inhaltsangabe

eu vorbereitet wird und letztendlich im bürgerlichen Zimmer in Szene gesetzt wird. Die Auswirkungen dieser Konfrontation treffen die Familien Walter und Miller und die agierenden Personen individuell und treten als Konflikte sowohl zwischen den Liebenden als auch zwischen den Vätern und ihren Kindern zutage.

I, 1 Miller will dafür sorgen, dass die Liebesbeziehung Luises und Ferdinands beendet wird

Das Schauspiel beginnt im Zimmer des Bürgers Miller, und zwar mit einer Familienszene, in der die kleinbürgerliche Lebensweise durch die Milieuschilderung und die derbe Sprache Millers klar gezeichnet wird. Der fromme und bibelfeste Musiker Miller erfährt von dem Verhältnis, das seine Tochter mit dem jungen Major Ferdinand von Walter, dem Sohn des Präsidenten am Hofe des Herzogs, hat. Er erklärt seiner Frau empört, dass das Verhältnis aufhören müsse und ist äußerst ungehalten gegenüber seiner Frau, die sich über die Geschenke, die der Herr von Walter stets mitbringt, sehr freut, da sie der armen Familie einen etwas besseren Lebensstandard ermöglichen. Er will der Gewissenlosigkeit der Frau ein Ende bereiten und höchstpersönlich den Präsidenten darum bitten, seinem Sohn eine Beziehung zu verbieten, die aus Standesgründen sowieso nicht zusammenwachsen kann.

Stichwörter/wichtige Textstellen:
Miller erscheint **zunächst** als **rechtschaffener, besorgter Vater:** „Ich hätt meine Tochter mehr koram nehmen sollen." (5/16 f.) aber **ihm geht es auch nicht ausschließlich um die bürgerliche Ehre:** „... meine Tochter ist zu schlecht zu Dero Herrn Sohnes Frau, aber zu Dero Herrn Sohnes Hure ist meine Tochter zu kostbar, und damit basta! – Ich heiße Miller." (8/8–10), **er hat eigene Geschäftsinteressen:** „Das Mädel setzt sich alles Teufelsgezeug in den Kopf; ... vergisst, schämt sich, dass sein Vater Miller der Geiger ist, und verschlägt mir am End einen wackern ehrbaren Schwiegersohn, der sich so warm in meine Kundschaft hineinge-

setzt hätte." (7/8-14) Die unantastbare **väterliche Familienordnung** steht am Anfang und am Ende der Szene, bleibt aber leere Hülse, da zum Beispiel ständig jemand in sein Haus eindringt, ohne dass er es verhindern kann.

I, 2 Millers Frau macht die Liebesbeziehung ihrer Tochter öffentlich

An der Ausführung seines Planes wird Miller durch das Erscheinen des Schreibers Wurm gehindert. Wurm ist Geheimsekretär des Präsidenten. Er hat ein Auge auf die schöne Luise geworfen und möchte die Musikertochter gerne heiraten. Miller verweist ihn an die Tochter selbst, ohne ihm Hoffnung zu machen. Er gibt deutlich zu verstehen, dass seine Tochter selbst über ihren zukünftigen Ehemann entscheiden kann. Mehrfach und sehr drastisch versucht Miller seine Frau davon abzuhalten, das Liebesverhältnis zwischen Luise und Ferdinand auszuplaudern. Frau Miller aber verrät in ihrer dummen Gefallsucht das Geheimnis. Miller weiß, dass die Enthüllung des Liebespaares vor Wurm nicht ohne Folgen bleiben wird, und bringt seinen Widerwillen gegen den hässlichen und tückischen Wurm deutlich zum Ausdruck. Sekretär Wurm ist empört, verabschiedet sich ironisch und verlässt die Wohnung.

Miller schimpft nun mit seiner Frau wegen ihrer protzigen Dummheit, da er zu Recht fürchtet, dass Wurm nun das Erfahrene zu gefährlichen Intrigen ausnutzen wird.

Stichwörter/wichtige Textstellen:

Hier wird der **Widerspruch der freien Wahl des Ehemannes** schon deutlich. Einerseits hält Miller Luises Wahl für nicht standesgemäß (8/8-10), andererseits gesteht er ihr das Recht zu, frei einen Mann zu wählen. „Ich zwinge meine Tochter nicht." (10/15) In der Lektion über Liebeswerben, die er dem Sekretär gibt, beschreibt er jetzt genau die Vorgehensweise, die er in der Szene zuvor an Ferdinand kritisiert hat. „Dass dich alle Hagel! 's Mädel

2.2 Inhaltsangabe

muss Sie kennen. ... Machen muss er, dass das Mädel lieber Vater und Mutter zum Teufel wünscht als ihn fahren lässt ..." (10/36–11/18)

I, 3 Miller versucht Luise zu überzeugen, die Beziehung aufzugeben

Miller will seine Tochter, die eben aus der Messe zurückkommt, veranlassen, ihrem Geliebten zu entsagen. Es kommt zu einem Dialog mit wechselseitigen Anspielungen auf das Spannungsverhältnis Liebe und Religion. Die Frage der ersten Szene wird wieder aufgegriffen, wie es mit der durch die Liebe zu Ferdinand bedrohten „Handvoll Christentum" bei Luise aussieht. Diese Frage zieht sich von nun an wie ein roter Faden durch das ganze Stück. Ihre Liebe gerät in Konflikt mit dem Glaubensgebot, niemanden mehr zu lieben als Gott. Miller erschrickt vor der Kraft ihrer Leidenschaft und sieht verzweifelnd kaum mehr eine Möglichkeit, sein Ziel zu erreichen. Luise ist sich der Standesschranken zwischen dem adligen Ferdinand und ihrer bürgerlichen Herkunft sehr wohl bewusst. Sie will daher ihrem Geliebten im Diesseits entsagen, sich ihre Unschuld bewahren und auf eine Vereinigung im Jenseits warten, wo es keine Standesunterschiede gibt.

> **Stichwörter/wichtige Textstellen:**
> **Zerrissenheit Luises** wird vom ersten Auftritt an deutlich: „O ich bin eine schwere Sünderin, Vater ..." (12/24). Wünsche werden auf ein utopisches Jenseits verschoben, das sich konkret in der Abschaffung der hierarchischen Verhältnisse der feudalabsolutistischen Gesellschaft darstellt. Die **Jenseitshoffnung** tritt an die Stelle einer fehlenden gesellschaftlichen Perspektive im Diesseits. „Dann ..., wenn die Schranken des Unterschieds einstürzen – wenn von uns abspringen all die verhasste Hülsen des Standes – Menschen nur Menschen sind ..." (14/13–16). Luise versucht, über ihre sinnlichen Wünsche Herrin zu werden; das **Bild der Entsagung** verdeutlicht dies: „Dies bisschen Leben – dürft ich es hin-

hauchen in ein leises schmeichelndes Lüftchen, sein Gesicht abzukühlen!" (13/15-17)

I, 4 Der Konflikt zwischen den Liebenden bahnt sich an

Ferdinand tritt zum ersten Mal auf und stürmt in das Zimmer. Seine ersten Worte sind beobachtend, besitzergreifend und misstrauisch. Luise teilt ihm ihren Entschluss mit, den sie für unumstößlich hält, da sie nicht daran glaubt, dass Ferdinands Vater eine Heirat über Standesgrenzen hinaus zulassen wird. Ferdinand schwört seinen unbedingten Willen, alle Hindernisse überwinden zu wollen, da die Liebe über allem steht, auch über den Standesgrenzen. Luise erschrickt vor Ferdinands übermächtigem Anspruch und gebietet ihm zu schweigen. Dass sie von seinen Vorstellungen aber beeindruckt ist, zeigt das Wiederaufbrechen ihrer verdrängten Wünsche.

Stichwörter/wichtige Textstellen:
Die Diskrepanz zwischen den Liebenden wird deutlich: Das Gespräch der beiden ist über weite Strecken ein Monolog Ferdinands; sie kann immer nur reagieren: erst scheu, dann skeptisch, abwehrend und verzweifelt. Luise weist auf die Realität, den Standesunterschied hin, sieht die Gefahren, die ihnen drohen. Ferdinand ist realitätsfern; er setzt Luises Ahnungen eine in ekstatische Worte gefasste Utopie der grenzenlosen Liebe entgegen, gerät dabei in Selbstüberschätzung: „Mir vertraue dich. Du brauchst keinen Engel mehr – Ich will mich zwischen dich und das Schicksal werfen." (16/30-32)

I, 5 Wurm informiert Ferdinands Vater

Im Schloss unterrichtet unterdessen Wurm den Präsidenten, dass die Beziehung Ferdinands mit der Musikertochter sehr ernst zu nehmen sei. Der Präsident zweifelt noch. Er ist auch von einem ganz anderen Plan in Anspruch genommen: Da der Herzog eine Standesehe eingehen will, das Verhältnis zu seiner Mätresse Lady

2.2 Inhaltsangabe

Milford aber fortsetzen möchte, wird ein Ehemann für die Lady gesucht, um den Schein einer sittlichen Ordnung auf jeden Fall zu wahren. Für den „Posten" des Ehemanns – da die Verbindung mit der Lady viel Macht verspricht, ist es ein „Posten" – hat der Präsident seinen eigenen Sohn Ferdinand ausersehen.

Der Präsident verspricht, Wurm in Bezug auf Ferdinand zu glauben, falls sich sein Sohn weigere, dem Ansinnen seines Vaters zu folgen. Die erste Kabale wird in Gang gesetzt. Wurm empfiehlt, die Probe dadurch zu verschärfen, dass zum Schein Ferdinand die Ehe mit einer untadeligen Adligen angeboten werde. Lehne der Major auch dies ab, so sei das der Beweis für die Richtigkeit der Angaben Wurms. Als Dank für den Dienst, eine unerwünschte Schwiegertochter aus dem Weg geräumt zu haben, soll der Präsident Wurm zur Ehe mit Luise verhelfen.

> **Stichwörter/wichtige Textstellen:**
> In scharfem Kontrast zum biederen Miller wird der **Präsident** eingeführt: Er ist ein **exemplarischer Vertreter einer korrupten Adelsschicht**, ohne jegliche Skrupel. „Liebe" ist für ihn nur ein Mittel, das eingesetzt wird, um Macht zu erlangen. **Wurm**, der in der bürgerlichen Umgebung als schleimiger Kriecher erscheint, kann hier als Hofbediensteter seine **Fähigkeit zur Verstellung und Intrige** zeigen.

I, 6 Die erste Intrige wird in Gang gesetzt

Wie gerufen erscheint der Hofmarschall und Zeremonienmeister von Kalb. Diese lächerliche Hofschranze erhält den Auftrag, Lady Milford, der Mätresse des Herzogs, den Besuch Ferdinands anzukündigen und die Nachricht von der bevorstehenden Heirat der beiden in der ganzen Residenz zu verbreiten.

> **Stichwörter/wichtige Textstellen:**
> Die Figur des Hofmarschalls wird karikaturistisch überzogen dargestellt: lächerlich und überladen gekleidet, in seinen Bewegun-

gen überdreht, die französische Wortwahl wirkt unecht. Die **Szene enthält drei für das Stück wichtige Momente**: Schiller kann deutlich machen, dass es sich um ein Theaterstück und nicht um die Abbildung von Wirklichkeit handelt; das Stück spielt an einem Tag im Winter, so dass sich die Liebenden nicht im Freien unbeobachtet treffen können; von Kalb setzt die Hofmaschinerie mit dem Streuen von Gerüchten in Gang, so dass niemand den „neuen Tatsachen" entgehen kann.

I, 7 Erster Konflikt Vater – Sohn

Jetzt lässt der Präsident seinen Sohn zu sich kommen und versucht erst durch Milde, dann mit Strenge, Ferdinand für seinen Plan zu gewinnen. Er gesteht ihm, dass er ein Verbrechen begangen hat, um in die Position des Präsidenten zu gelangen. Der Präsident erklärt, dass er den Mord an seinem Vorgänger nur seinem Sohn zuliebe begangen habe, nämlich um diesem den Aufstieg bei Hofe zu erleichtern. Er glaubt, dass auch Ferdinand an einer weiteren Karriere am Hof interessiert sei.

Aber Ferdinand ist entsetzt von dem Mord und verweigert sich auch dem Heiratsbefehl seines Vaters, und unter Anwendung der von Wurm empfohlenen verschärften Probe wird deutlich, das Ferdinand eine Bürgerliche liebt. Durch die Drohung, weiter nachspüren zu wollen, bringt der Präsident seinen Sohn dazu, die Mätresse des Herzogs aufzusuchen. Ferdinand spielt auf Zeit und hofft, dass er durch Zurschaustellung kalter Verachtung Lady Milford von einer Verbindung mit ihm wird abbringen können.

Stichwörter/wichtige Textstellen:
Der Unterschied zwischen adliger und bürgerlicher Lebens- und Wertvorstellung wird deutlich:
Miller spricht liebevoll mit seiner Tochter und ist um ihr Wohl besorgt. Nur versteckt zwingt er Luise seine Vorstellungen auf. Dies hat aber zur Folge, dass Luise unfähig ist, sich gegen diese verdeckte Manipulation zu wehren. **Der Präsident** erteilt Befeh-

le, darunter auch den, ihn zu umarmen. Sein Sohn ist eine weitere Marionette im Intrigenspiel am Hof, um seine Interessen durchzusetzen. „Mich lass an deinem Glück arbeiten, und denke auf nichts, als in meine Entwürfe zu spielen." (23/4 f.) Trotz der Verachtung Ferdinands für seinen Vater deutlich, dass er im Präsidenten auch den Vater sieht, von dem zu lösen ihm sehr schwer fällt.

II, 1 Die Lady

Nachdem jetzt jeder glaubt, in der Mätresse des Herzogs ein besonders verkommenes Exemplar dieser Gattung vorgeführt zu bekommen, wird die Erwartung des Publikums/Lesers in den folgenden Szenen kontrastiert: Lady Milford erwartet Ferdinand voll innerer Unruhe. Es stellt sich während ihres Gespräches mit Sophie, ihrer Kammerjungfer, heraus, dass sie Ferdinand liebt und deshalb selbst dem Hofklüngel den Plan von der Hochzeit mit dem Major eingegeben hat. Im Übrigen verachtet sie den Herzog und sein Günstlingsregime und hofft, mit Ferdinand als Ehemann das Land verlassen zu können.

Stichwörter/wichtige Textstellen:
Die Zwiespältigkeit der Lady wird in im II. Akt, Szenen 1–3 deutlich. Hier bedient sie sich der **Mittel der Hofkabale,** um ihren Anspruch auf freie Liebeswahl durchzusetzen: „... ich habe dem Fürsten meine Ehre verkauft; aber mein Herz habe ich frei behalten..." (29/33 f.), „Sie ließen sich beschwatzen, Sophie – der schwache Fürst – der hofschlaue Walter – der alberne Marschall – Jeder von ihnen wird darauf schwören, dass diese Heurat das unfehlbarste Mittel sei, mich dem Herzog zu retten ..." (31/10–13). Andererseits **verabscheut** sie die kalte **Prachtentfaltung des Hofes**, die für Menschlichkeit keinen Raum lässt.

2.2 Inhaltsangabe

II, 2 Auswüchse der Fürstenherrschaft

Der Herzog schickt Lady Milford schon jetzt einen kostbaren Brillantschmuck als Hochzeitsgeschenk. Im Gespräch mit dem Diener des Herzogs erfährt die Lady von der großen Not des Volkes und vom Verkauf der Untertanen als Soldaten an die Engländer. Da sie bisher schon, wo sie konnte, mildernden Einfluss auf die Auswüchse der Misswirtschaft genommen hat, berührt sie die Erzählung von den barbarischen Vorgängen beim Abmarsch der verkauften Untertanen. Sie ist empört und befiehlt, den Schmuck sofort zu verkaufen und den Erlös an die Einwohner einer Stadt an der Grenze zu verteilen, um die Folgen einer Feuersbrunst zu lindern.

Stichwörter/wichtige Textstellen:
Der politisch-soziale Aspekt dieser Szene steht im Vordergrund: Anprangern des **Soldatenhandels** als extremste Form der absolutistischen Verfügungsgewalt. Hier wird verdeutlicht, dass die Art des Umgangs der Adligen untereinander und mit Bürgerlichen nicht individuell, sondern durch das **System der herrschenden Gesellschaftsordnung** bedingt ist. Hervorhebung der ökonomischen Bedeutung des **Mätressenwesens**.

II, 3 Ferdinand steht öffentlich zu seiner Liebe zu Luise

Ferdinand tritt auf. Er erklärt der Lady, dass er nur gezwungen zu ihr kommt und eine Verbindung mit ihr verabscheut. Weder als Mann von Ehre noch als Edelmann noch als Offizier kann er dem Plan seines Vaters zustimmen. Im Übrigen ist es für ihn völlig unverständlich, wieso sie, eine Tochter des vorbildhaft-freiheitlichen Volkes der Engländer, Mätresse eines Fürsten werden und durch den Aufwand, der für Hof- und Liebesvergnügen getrieben wird, soviel Unheil über das Land bringen kann. Lady Milford wiederum bringt durch den Bericht ihrer Lebensgeschichte dem jungen Major sehr bald ein ganz anderes Verständnis für ihr unglückliches Schicksal bei.

2.2 Inhaltsangabe

Dennoch bleibt Ferdinand bei der Erklärung, dass Liebe und Pflicht ihn an Luise fesseln. Die Lady sieht nunmehr neben ihrer Liebe zu Ferdinand ihre Ehre auf dem Spiel und kündigt an, kein Mittel unversucht zu lassen, um Ferdinand für sich zu erobern und so dem Spott zu entgehen, der ihr entgegenschlüge, falls die angekündigte Verbindung nicht zustande käme.

Stichwörter/wichtige Textstellen:
Ähnlichkeit zu Ferdinand: Beide wollen notfalls „Wüste" (30/32 und 64/7) fliehen, um ihre Liebe realisieren zu können. Ferdinand kann sich der Lady nur schwer entziehen, schnell beruft er sich vordringlich auf die Pflicht gegenüber Luise, dabei greift er fast wortwörtlich Luises Vorwürfe (17/9 ff.) auf. „Ich bin der Schuldige. Ich zuerst zerriss ihrer Unschuld goldenen Frieden–" (41/21 f.) Das Liebesgeständnis Ferdinands bewegt sich in gegensätzlichen Begrifflichkeiten: „Natur" – „Konvenienz", „Entschluss" – „Vorurteil", „Menschheit" – „Mode".

II, 4 Millers Befürchtungen über seine schwatzhafte Frau bestätigen sich

Die folgende Szene ist wieder im Haus der Millers angesiedelt. Als der Musiker heimkommt, bemerkt er, dass der Präsident nach ihm geschickt hat, die herzoglichen Diener stehen schon unten an der Tür. Miller schimpft auf seine Frau, in der er nur eine Kupplerin sieht. Er will die Dinge nun bereinigen und zum Präsidenten gehen. Eine Flucht außer Landes mit seiner Tochter, aber ohne seine Frau, kommt ihm auch in den Sinn. Luise beschreibt erneut ihre Unheil bringenden Vorahnungen.

Stichwörter/wichtige Textstellen:
Die Befürchtungen Millers treten ein, das Haus wird überwacht. Es kommt zu einem **Durcheinander aus Ratlosigkeit und gegenseitigen Vorwürfen**.

2.2 Inhaltsangabe

II, 5 Ferdinands Verunsicherung wird deutlich
Der Major stürzt herein, der einen Gewaltstreich seines Vaters gegen Luise befürchtet. Er erzählt seiner Geliebten von den Plänen seines Vaters. Luise ist jetzt völlig verunsichert und ihr Vater lässt durchblicken, dass wohl auch Ferdinand lediglich handeln wird, wie die Herren von Stand üblicherweise mit Bürgerstöchtern verfahren, nämlich sie nach dem Vergnügen sitzen zu lassen. Ferdinand versichert dagegen in feurigen und pathetischen Worten, dass er die Liebe zu Luise gegen alle Kabalen und Gewalten bis zum Tode verteidigen will.

Stichwörter/wichtige Textstellen:
Die Kluft zwischen Luise und Ferdinand vergrößert sich weiter: Luise ist das Objekt seiner absoluten Liebe „Mein bist du, und wärfen Höll und Himmel sich zwischen uns" (44/26 f.), „... Deine Hand in die meinige." (46/34) Ferdinand spricht eigentlich gar nicht zu Luise und ihren Eltern, sondern setzt die Argumentation mit seinem Vater fort. Je mehr sich Ferdinand in die Rolle des zum Kampf Entschlossenen hineinsteigert, desto ängstlicher wird Luise: „Mein Tod ist gewiss" (44/28), „Du tötest mich!" (45/1), „Mir wird bange! Blick weg! Deine Lippen beben. Dein Auge rollt fürchterlich." (47/3 f.)

II, 6 Die erste Konfrontation zwischen Bürgertum und Adel
Da erscheint der Präsident selbst mit einem Gefolge von Gerichtsdienern. Er behandelt Luise wie eine gewöhnliche Hure. Der alte Miller, der deutlich seine Meinung sagt und sich beim Herzog beschweren will, vermag sich nicht gegen den Präsidenten zu wehren.

Stichwörter/wichtige Textstellen:
Hier zeigt sich eine **klare Frontenbildung**: Auf der einen Seite der verabscheuungswürdige **Adel**, der überhebliche und menschenverachtende Präsident, der auf seine Machtposition pocht,

auf der anderen Seite das **Bürgertum**, der alte Miller, der zwischen Zähneknirschen, Strafandrohung – „... Ohrfeig um Ohrfeig" (48/36) – und unterwürfigem Verhalten – „Halten zu Gnaden" (48/34) – hin und her gerissen wird.

II, 7 Die direkte Gefährdung Luises kann Ferdinand abwehren

Der Präsident weist die Gerichtsdiener an, Luise zu ergreifen, um sie an den Pranger stellen zu lassen. Im letzten Moment zwingt Ferdinand seinen Vater, von seinem Vorhaben abzulassen, indem er damit droht, die Verbrechen des Präsidenten preiszugeben.

Stichwörter/wichtige Textstellen:
Die **Konfrontation** mit seinem Vater **weckt in Ferdinand unbekannte Kräfte**. Er löst sich vom endgültig vom Vater und tritt ihm selbstbewusst gegenüber. Mit sicherem Gespür für die wechselnde Situation reagiert er unterschiedlich: aufbegehrend, gelassen oder strategisch klug. Wenn er Gott zum Zeugen aufruft, alles Menschenmögliche getan zu haben, um Luise und ihre Eltern zu retten, bereitet er den hinterlistigen Schachzug vor, das Verbrechen des Vaters zu veröffentlichen.
In der ersten Runde des offenen Schlagabtausches ist Ferdinand dem Präsidenten überlegen, da dieser auf Grund seines Verbrechens angreifbar ist.

III, 1 Eine neue Intrige wird von Wurm geplant

Nach dem vorläufigen Scheitern der Kabale berät am folgenden Tag der Präsident mit seinem Sekretär Wurm die Lage. Wurm entwickelt einen neuen Plan: Millers Äußerungen sollen zum Anlass genommen werden, das Ehepaar wegen Beleidigung des Herzogs in der Person des Präsidenten zu verhaften. Um die Freilassung zu erwirken, soll die verängstigte Tochter einen ihr vordiktierten Liebesbrief an den Hofmarschall von Kalb schreiben, um nicht mehr als unschuldige, reine Liebende, sondern nunmehr

2.2 Inhaltsangabe

als Verräterin der Liebe und als Hure dazustehen. Ihr Schweigen über das Zustandekommen des Briefes soll mit einem Eid bekräftigt werden, dessen Einhaltung – im Gegensatz zur Hofgesellschaft – unter frommen Bürgersleuten noch als heilig gilt. Der Brief soll Ferdinand in die Hände gespielt werden. Mit allem hofft man, die zersetzende Kraft der blinden Eifersucht bei Ferdinand hervorzurufen.

Stichwörter/wichtige Textstellen:
Eingeständnis der Niederlage des Präsidenten zu Beginn der Szene: „Der Streich war verwünscht." (53/5) **Auftritt Wurms als idealer Initiator der folgenden Kabale**. Für diese Aufgabe ist er wie geschaffen: Als Bürger im Dienst des Adels vertritt er dessen Interessen, ohne sie zu hinterfragen. Er kann sich in die Psyche des bürgerlich denkenden Ferdinand hineinversetzen und gleichzeitig die geeigneten Mittel wählen, um die Intrige auch bei Luise und ihren Eltern in Gang zu setzen. So werden Ferdinands Eifersucht und Luises Bindung an ihren Vater („Sie liebt ihren Vater – bis zur Leidenschaft ..." (56/20)) und ihre christlichen Wertvorstellungen (die Bindung an einen Eid, 56/34 ff.)) die Eckpunkte der Kabale. **Die Hofpartei hat ihre Kräfte wieder gesammelt und gewinnt die Initiative zurück.**

III, 2 Hofmarschall von Kalb erhält seine Aufgabe in dieser Intrige

Zuerst müssen die Personen, gegen ihren Willen, zu Mitspielern gemacht werden. Während sich Wurm entfernt, um den Brief aufzusetzen, bringt der Präsident den Hofmarschall durch List, Schmeichelei und Einschüchterung zur Mitarbeit an der Kabale.

Stichwörter/wichtige Textstellen:
Erneute Gelegenheit zu einer publikumswirksamen **Adels- und Hofsatire**. Es werden die Spielregeln, die am Hof herrschen, deutlich gemacht: Konkurrenz und Einfluss.

2.2 Inhaltsangabe

III, 3 Der verhängnisvolle Brief
Der Präsident und Wurm besprechen den fertigen Brief, und Wurm wird auf seine Mission geschickt.

III, 4 Ferdinand zweifelt an Luises Liebe
Ferdinand hat Luise zu Hause aufgesucht. Beide versuchen Klarheit über ihre Lage und die sich daraus ergebenden Konsequenzen zu gewinnen. Er versichert ihr ewige Liebe und fordert sie auf, mit ihm zu fliehen. Sie aber bittet ihn, auch um seiner selbst willen, ihr zu entsagen. Von Flucht will sie nichts wissen, da sie ja ihre Eltern nicht der Rache des Präsidenten aussetzen will.

Zum ersten Mal gelingt es Luise, ihre Sprachlosigkeit zu überwinden und Ferdinand mit einer eigenen Position gegenüberzutreten. Dabei übersieht sie aber, wie schwer Ferdinand die Entscheidung gegen seinen Vater, gegen sein bisheriges Leben fällt. Ihr Bezugssystem ist die reale Bürgerwelt, sie kann mit Ferdinands realitätsfernen Träumen nichts anfangen und entzieht sich seinem egoistischen Liebesanspruch. Ferdinand kann dem nichts entgegensetzen. Er sieht nicht ihren Schmerz, sondern hört nur die Ablehnung seiner Pläne.

Er erkennt Luise nicht mehr und vermutet mit einem Mal, dass sie eine Liebesbeziehung zu einem anderen Mann habe und deshalb so fremd wirke. Das tragische Missverständnis ist da. Ferdinand verlässt Luise zornig und verzweifelt.

> **Stichwörter/wichtige Textstellen:**
> **Wende in der Beziehung zwischen Luise und Ferdinand.** Der Vorgang des Standpunkt-Gewinnens prägt diese Szene: **Ferdinand** verharrt in **überirdischen Dimensionen:** „... du Luise, und ich und die Liebe! – Liegt nicht in diesem Zirkel der ganze Himmel? oder brauchst du noch etwas Viertes dazu?" (63/27–30), er will mit Luise fliehen, egal wohin: „Mein Vaterland ist, wo mich Luise liebt." (64/6) Dieser **völlige Verlust der Realität trennt die beiden.** (64/) Luise wird immer ruhiger und sicherer, je mehr Ferdi-

nand die Beherrschung verliert (sein Verhalten gipfelt in der Zerstörung der Violine in irrem Gelächter). In ihrem immer umfangreicher werdenden Redeanteil verweist **Luise** auf ihre Pflichten und die Unmöglichkeit der Verwirklichung eines gemeinsamen Lebens innerhalb der bestehenden Gesellschaftsordung: „dein Herz gehört deinem Stande" (65/9 f.), „einem Bündnis entsagen, das die Fugen der Bürgerwelt auseinander treiben, und die allgemeine ewige Ordnung zugrund stürzen würde." (65/18–20) Beide sind unfähig, den anderen mit seinen Entscheidungsprozessen wahrzunehmen.

III, 5 Die Eltern Luises wurden verhaftet
Luise bleibt allein zurück. Sie wartet vergeblich auf die Rückkehr der Eltern, die schon fünf Stunden fort sind und versinkt in Sorge.

III, 6 Sekretär Wurm zwingt Luise dazu, den Liebesbrief an von Kalb zu schreiben
Statt der erwarteten Eltern erscheint Wurm. Bösartig und geschickt behauptet er, vom Vater geschickt worden zu sein, damit die Tochter zur Befreiung der Eltern einen kleinen Dienst leiste. Luise will sofort zum Herzog gehen. Wurm macht ihr allerdings klar, dass der Preis für eine Freilassung durch den Herzog unweigerlich ihre Unschuld sei. Ihren Eltern könne sie als Alternative dazu nur dadurch zu helfen, wenn Ferdinand freiwillig auf sie verzichte.
Luise ist völlig eingeschüchtert und daher bereit, sich einen Brief an einen ihr völlig unbekannten Adressaten diktieren zu lassen. Ihr ist klar, dass nun ein Leben in Schande folgt. Wurm wiederholt in dieser Situation im Übrigen seinen Heiratsantrag und erklärt großmütig, über ihre vergangene Liebe mit einem Edelmann hinwegsehen zu wollen. Luise weist ihn in scharfer Form zurück, muss aber dennoch mit dem Eid bekräftigen, dass sie behaupten muss, diesen Brief freiwillig geschrieben zu haben.

2.2 Inhaltsangabe

> **Stichwörter/wichtige Textstellen:**
> Luise gerät an die Grenze ihres Glaubens: „Himmlische Vorsicht! Rette, o rette meinen sinkenden Glauben!" (68/5 f.) Genauso, **wie Wurm es vorausgesagt hat, verhält sich Luise**. Sie sieht sich an ihre Pflicht als Tochter gebunden „Ich hab ihn (den Vater) niedergeworfen. Ich muss ihn aufrichten." (71/12 f.), dafür opfert sie Ferdinand: „– es ist Ferdinand – ist die ganze Wonne meines Lebens, was ich jetzt in Ihre Hände gebe –" (73/26-28). Wurm hat alles zerstört, was sie hatte und war. Ihre Bereitschaft, sich selbst zu töten, ist nur folgerichtig und deutet sich in der Brautnachtvision hier schon an.

IV, 1 Die Intrige verläuft wie geplant
Der Hofmarschall hat den Brief Luises bei der Parade aus der Tasche fallen lassen, so dass Ferdinand ihn finden musste. Er hat den Brief gelesen und außer sich vor Wut den Hofmarschall zu sich bestellt. Seine Erregung ist nicht mehr zu verbergen.

IV, 2 Ferdinand kann nicht glauben, dass Luise untreu ist
Ferdinand ergeht sich in einem Monolog in der schmerzlichen Betrachtung der Niederträchtigkeit der – ihm ja vorgespielten – Untreue Luises. Er fühlt sich hintergangen und meint, nun auch im Hause Miller die niederträchtigen und unmoralischen Verhaltensweisen des vergnügungssüchtigen Hofes zu erleben. Er würde Luises Treulosigkeit ja gern für unwahr halten, hätte er nicht den Brief an den Hofmarschall in der Hand.

Das gesamte Verhalten Luises erscheint ihm nunmehr rückschauend in einem anderen Licht, und zwar als langfristig geplantes und durchgehaltenes Manöver, wie etwa die heldenmütig vorgetragene Entsagung und Ohnmacht, als Miller die drohende Gefahr durch den Präsidenten meldete. Geradezu fürchterlich ist ihm der Gedanke, dass Luise ihn nur benutzt hat.

2.2 Inhaltsangabe

Stichwörter/wichtige Textstellen:
Ferdinands Fassungslosigkeit zeigt sich am Beginn der Szene „Es ist nicht möglich. Nicht möglich." (75/19) bis zum Ende in der Aneinanderreihung von Fragen „– und sie empfand nichts? Empfand vielleicht nur den Triumph ihrer Kunst?" (76/25 f.) Das, was er von Luise weiß, passt nicht mit den jetzigen Ereignissen zusammen. Ferdinand ist verzweifelt, **er distanziert sich aber nicht völlig von Luise.** Insofern geht die kluge Berechnung Wurms nicht auf.

IV, 3 Ferdinand missversteht vor Zorn das Geständnis von Kalbs

Als der Hofmarschall von Kalb erscheint und seinem Auftrag gemäß sich seines Verhältnisses mit Luise rühmt, will der Major sich in seiner Wut zunächst mit von Kalb duellieren, Er missversteht den Hofmarschall, der vor Angst soweit ist, den ganzen Vorgang als Täuschungsmanöver zu entlarven, und stößt ihn mit Verachtung zur Tür hinaus.. Der Zorn macht Ferdinand taub und somit bleibt das tragische Missverständnis zwischen ihm und Luise erhalten.

Stichwörter/wichtige Textstellen:
Ferdinand, in seinem Schmerz gefangen, **verhindert die Auflösung der Intrige.** Von Kalb beteuert seine Unschuld: „Lassen Sie mich los. Ich will alles verraten." (79/28 f.), „Es ist nichts. ... Sie sind ja betrogen." (80/1 f.), „So hören Sie doch nur – Ihr Vater – Ihr eigener leiblicher Vater" (und meint damit natürlich Ferdinands und nicht LuisesVater, was aber Ferdinand total missversteht, 80/ 7 f.), „Sie rasen. Sie hören nicht. Ich sah sie nie. Ich kenne sie nicht. Ich weiß gar nichts von ihr." (80/12 f.) Ferdinand glaubt ihm nicht: „... du leugnest sie dreimal in einem Atem hinweg? – Fort, schlechter Kerl!" (80/16 f.)

2.2 Inhaltsangabe

IV, 4 Ferdinand fasst den Plan, sich und Luise zu töten

Überzeugt von Luises Untreue, verzweifelt Ferdinand an der Welt und will sich und Luise töten: „Die Vermählung ist fürchterlich - aber ewig!" (81/8 f.)

Stichwörter/wichtige Textstellen:
Monolog Ferdinands zeigt seine Isolierung von allen anderen. **Ferdinands Identität gründet in der Beziehung zu Luise.** So fordert er von Gott, diesen einzigen Besitz behalten zu dürfen. „Das Mädchen ist mein. Ich trat dir deine ganze Welt für das Mädchen ab .... . Lass mir das Mädchen. – Richter der Welt!" (80/26–28)

Die unheimliche **Jenseitsphantasie** zeigt, wie stark seine Bindung an Luise ist. „Eine Ewigkeit mit ihr auf ein Rad der Verdammnis geflochten – Augen in Augen wurzelnd –" (81/3 f.). Wenn Liebe und Glück in diesem Leben unmöglich sind, dann soll gemeinsame Verzweiflung im Jenseits beide für immer verbinden.

IV, 5 Der Präsident gibt heuchlerisch sein nachträgliches Einverständnis zur Eheschließung mit Luise

Ferdinands Verzweiflung wird noch größer, als der Präsident kommt und, um die Kabale vollends wirken zu lassen, dem Sohn seine Einwilligung zur Eheschließung mit Luise verkündet. Ferdinand durchschaut die Intrige seines Vaters nicht, missversteht dessen Worte aber auf andere Weise: Er glaubt, dass es Luise nunmehr gelungen sei, auch den Vater zu täuschen, was ihre Niedertracht in seinen Augen noch beträchtlich steigert.

Stichwörter/wichtige Textstellen:
Ferdinands Blindheit erreicht ihren Höhepunkt, als er den Vater um Verzeihung bittet. Der Dialog konzentriert sich auf die verzweifelte Situation Ferdinands.

2.2 Inhaltsangabe

IV, 6 Lady Milford will die Rivalin Luise demütigen
Sophie hat im Auftrag ihrer Herrin, Lady Milford, Luise bestellt und zur Antwort erhalten, dass die Einladung dem eigenen Wunsch Luises entspreche. Nun erwartet die Lady, prächtig geschmückt, unruhig das Bürgermädchen, um es zu demütigen und zu bewegen, Ferdinand aufzugeben.

IV, 7 Luise gibt Ferdinand frei, rächt sich aber dadurch, dass sie der Lady die Schuld an ihrem Selbstmord zuweist
Luise wird von der Lady geringschätzig empfangen. Sie bietet Luise die Stelle Sophies an, damit sie wenigstens die Manieren der großen Welt lernen könne.

Luise lehnt ab und erklärt, dass sie jeden Anspruch auf Glück aufgegeben habe und schon gar nicht in der moralisch bedenklichen Atmosphäre des Hofes glücklich wäre. Sie provoziert ihrerseits die Lady mit der Frage, ob sie denn in dieser Welt glücklich sei. Lady Milford gibt sich geschlagen und sucht die Freundschaft des Bürgermädchens. Luise hält dieses Angebot für reinen Spott und verzichtet auch vor der Lady auf Ferdinand, nachdem diese ihn für Schmuck quasi erkaufen will. Luise betont allerdings, dass die Lady zwischen sich und Ferdinand immer das Gespenst einer Selbstmörderin haben werde.

Stichwörter/wichtige Textstellen:
Dramatisch zugespitzte **Konfrontation** der beiden Frauen. **Luise** wirkt in dieser Szene sehr **selbstsicher** „Ich fürchte ihre Rache nicht, Lady – Die arme Sünderin auf dem berüchtigten Henkerstuhl lacht zu Weltuntergang." (87/20–22) „Freiwillig tret ich Ihnen ab den Mann, den man mit Haken der Hölle von meinem blutenden Herzen riss." (90/2–4) Deutlich formuliert sie **ihr Vorhaben, Selbstmord** zu begehen, und rächt sich so an Lady Milford, die nun mit der Selbstmorddrohung umgehen muss „Nur vergessen Sie nicht, dass zwischen Ihren Brautkuss das Gespenst einer Selbstmörderin stürzen wird" (90/15–17).

2.2 Inhaltsangabe

IV, 8 Lady Milford will den Herzog verlassen
Lady Milford ist tief erschüttert. Die unerschütterliche Liebe Luises hat sie beschämt. Sie beschließt, nicht ohne Selbstmitleid, ihr Verhältnis zum Herzog zu lösen. Auch sie vermag zu entsagen und plant, außer Landes zu gehen, um ein tugendhaftes Leben zu beginnen.

IV, 9 Lady Milford rechtfertigt ihren Entschluss und bereitet die Abreise vor
Lady Milford ruft ihre Dienerschaft zusammen und lässt vom Hofmarschall vor ihrem Gefolge ihren Abschiedsbrief an den Herzog verlesen. Der Brief betont, dass gleich einem Vertrag die Bedingung für ihre Liebe das Glück des Landes und der Untertanen gewesen sei. Der Herzog habe den Vertrag nicht gehalten, weshalb sie nunmehr aller Verpflichtungen ledig sei. In rührender Weise nimmt sie Abschied von der Dienerschaft, die in ihr eine gute Herrin verliert. Bevor sie das Land verlässt, ordnet sie die Verteilung des Inhalts ihrer Schatulle unter der Dienerschaft an.

Stichwörter/wichtige Textstellen:
Sie hat jetzt ihren letzten Auftritt und muss nach Luises Abgang die mehrfachen Niederlagen, die sie im Gespräch mit Luise hinnehmen musste, wieder ausgleichen. Ihr Verzicht auf alles Weltliche und der Wunsch nach hoher Moralität deuten auf Schillers Weltbild, was demnach die größte Tat des Helden ist (s. Karl Moor, Maria Stuart)

V, 1 Luise will sich umbringen; ihr Vater hält sie davon ab
Luise ist ruhig und gefasst, als der Vater zurückkommt. Sie ist entschlossen, ihren Selbstmordplan auszuführen. In einem Brief teilt sie Ferdinand mit, dass ihre Liebesbeziehung durch Intrigen zerrissen worden, sie aber durch einen Schwur auf absolutes Schweigen verpflichtet worden sei. Ferdinand solle jedoch zur Mitternachtsstunde kommen, um gemeinsam mit ihr in den Tod zu

gehen. Die christlichen und väterlichen, allerdings erpresserischen Ermahnungen des alten Miller sowie der Anblick seines Kummers veranlassen sie jedoch dazu, von diesem Plan Abstand zu nehmen, sie zerreißt den Brief und entsagt ihrer „Zukunft" im Jenseits mit Ferdinand. Zusammen mit ihrem Vater will sie aus der Gegend fortgehen.

Stichwörter/wichtige Textstellen:
Luise ist zunächst gefasst und hat ihren Seelenfrieden gefunden, seitdem sie **weiß, was sie zu tun hat:** „Ich hab einen harten Kampf gekämpft. ... Der Kampf ist entschieden. Vater! man pflegt unser Geschlecht zart und zerbrechlich zu nennen. Glaub Er das nicht mehr." (96/2-6), „Der dritte Ort ist das Grab." (97/28) Für sie ist dies der Weg, der Intrige zu entkommen, die die Trennung der Liebenden plant und nicht ihren Tod. Diesen Plan kann der **Vater** nicht akzeptieren und **bedrängt Luise,** ihn aufzugeben: Selbstmord sei Sünde, sie komme gar nicht in das erhoffte Himmelreich, sie sei eine Diebin, da sie das „Kapital" der Vater-Tochter-Liebe zerstören würde; letztendlich verflucht er das Mädchen. Verzweifelt gibt Luise nach. Dadurch wird sie vollends in die Familie zurückgeworfen, in die Phantasien des Vaters von einem Leben als fahrender Musiker mit ihr als Demonstrationsobjekt der Elternliebe in seinen Balladen.

V, 2 Ferdinand bekommt durch Luise die Echtheit des Briefes bestätigt und setzt seinen Mordplan in Gang
Ferdinand tritt auf. Kalt und zynisch will er sich vergewissern, ob Luise den Brief an den Hofmarschall wirklich geschrieben habe. Ihrem Eide gemäß bejaht sie seine Frage. Ferdinand kann es trotzdem nicht glauben und fragt nach, aber ihr Vater verhindert mit allen Mitteln, dass sich Luise verrät. Dadurch verlängert sich das tragische Missverständnis im Verhältnis der beiden. Ferdinand ist nun fest entschlossen, seinen Plan auszuführen, und bittet um ein Glas Limonade.

2.2 Inhaltsangabe

! Stichwörter/wichtige Textstellen:
Luise ahnt sofort, was Ferdinand plant: „Mich zu ermorden ist er da." (101/15) **Miller** zwingt seine Tochter zu einem zweiten falschen Eid („Schriebst du diesen Brief?" „Bei Gott! Bei dem fürchterlich wahren! Ja!", 104/29 f.)und macht sich so **mitschuldig an ihrem Tod**.

V, 3 Vorausdeutung des Todes im Gespräch mit Miller
Im Gespräch mit dem alten Miller lässt Ferdinand noch einmal die Erlebnisse aus der Vergangenheit vorüberziehen. Wehmütig erinnert er sich daran, dass er ursprünglich das Flötenspiel habe lernen wollen und dabei nur sein Unglück gefunden habe. Er schickt den alten Miller hinaus, um nach der Limonade zu sehen.

! Stichwörter/wichtige Textstellen:
Vorausdeutung des Todes und der Auswirkung auf Luises Eltern „Wüsste der Mensch, dass er an diesem Apfel den Tod essen sollte – ... ich bezahle dir dein bisschen Flöte zu teuer – ... – auch du verlierst – verlierst vielleicht alles." (106/6-11)

V, 4 Im Monolog rechtfertigt Ferdinand seinen Plan
Ferdinand bleibt allein. Im Monolog erklärt er, dass er Luise und sich vergiften will. Er bedauert erneut den armen Vater, den er mit seinem Plan um sein ganzes Glück bringen wird.

! Stichwörter/wichtige Textstellen:
„Rauben den letzten Notpfennig einem Bettler? Die Krücke zerbrochen vor die Füße werfen dem Lahmen? Wie? Hab ich auch Brust für das?" (107/1-3)

V, 5 Ferdinand verführt den alten Miller durch eine großzügige Bezahlung der Flötenstunden
Als der alte Miller zurückkommt, sucht Ferdinand ihn durch Goldstücke zu entschädigen („Mit dem Geld ... bezahl ich Ihm ... den

drei Monat langen glücklichen Traum von Seiner Tochter", 109/ 19 ff.). Miller wird durch den unverhofften Reichtum mit einem Male in geradezu närrische Freude versetzt. Die christliche Bescheidenheit geht verloren. Miller weiß sich kaum zu mäßigen und zeigt durch allerlei stutzerhafte Pläne, dass er mit dem Reichtum die engen Grenzen seines Standes zu verlassen gedenkt.

Stichwörter/wichtige Textstellen:
Zwiespältigkeit der Szene: Der Tanz um das Geldgeschenk zeigt die riesige **Distanz zwischen Arm und Reich**, die in diesem Stück herrscht, der **Aspekt des Abkaufens** erscheint möglich, den Miller erst nach dem Tod Luises sieht (V, letzte Szene, „Behalt dein verfluchtes Gold! – Wolltest du mir mein Kind damit abkaufen?", 121/25 f.).

V,6 Ferdinand vergiftet die Limonade

Luise kommt mit der Limonade zurück und Ferdinand schickt den alten Miller zum Präsidenten mit der Bitte, ein Schreiben zu überbringen. Miller ist gern bereit, diese Bitte zu erfüllen, obwohl Luise ihn ängstlich, aber eindringlich zurückzuhalten versucht. Als sie ihren Vater schließlich zur Tür begleitet, gibt Ferdinand das Gift in die Limonade.

Stichwörter/wichtige Textstellen:
Ferdinand führt die Katastrophe herbei und sieht sich in seiner Rolle durch Gott bestätigt: „Sie soll dran! Sie soll! Die obern Mächte nicken mir ihr schreckliches Ja herunter, die Rache des Himmels unterschreibt, ihr guter Engel lässt sie fahren" (111/31–34).

V, 7 Aggression und Liebe treffen im Tod der beiden aufeinander

Sobald Ferdinand mit Luise allein ist, macht er ihr bittere Vorwürfe wegen ihrer vermeintlichen Untreue, trinkt dann von der Limonade und fordert Luise auf, ebenfalls zu trinken. Schließlich soll

Luise angesichts des Todes die Wahrheit sagen. Die Entdeckung, dass sie tödliches Gift getrunken hat, löst ihre Zunge („der Tod hebt alle Eide auf", 118/4) und die Wahrheit kommt heraus. Ferdinand, vor Wut rasend, will vor seinem eigenen Tod noch den Vater töten, doch der Tod Luises, die sterbend Ferdinand und allen anderen ihre Schuld vergibt, hält ihn zurück. Von seinem seelischen Schmerz überwältigt, greift Ferdinand noch einmal zur vergifteten Limonade, um seines Todes sicher zu sein.

Stichwörter/wichtige Textstellen:
Widerspruch von Aggression und Liebe: Beide halten die Entfremdung, die sie in ihrem Dialog aufbauen, nicht aus. „O Jüngling! Jüngling! Unglücklich bist du schon, willst du es auch noch verdienen?" (113/24 f.) Immer wieder aber flüchtet Ferdinand sich in Zynismus: „Wohl bekomm's!" (114/17), „Die Metze ist gutherzig, doch! das sind alle!" (114/29 f.), „Schon? – Über euch Weiber und das ewige Rätsel!" (117/16 f.) Die Versöhnung der Liebenden gelingt erst nach Luises Tod, da Ferdinand vorher noch mit Rachegedanken gegen seinen Vater ausgefüllt ist.

V, letzte Szene: Der Präsident zerbricht am Tod seines Sohnes
Auf Ferdinands Brief hin ist der Präsident mit Wurm, Miller und einem Gefolge von Dienern und Bütteln hergeeilt und sieht nun, welchen Ausgang seine Kabale genommen hat. Er schiebt zunächst alle Schuld auf seinen Sekretär Wurm. Wurm aber kündigt ihm in grimmiger Wut über den schrecklichen Ausgang der Kabale die Aufdeckung der früheren Verbrechen an. Miller eilt mit einem Fluch verzweifelt aus dem Haus.
Der völlig gebrochene Präsident erlangt von seinem sterbenden Sohn Vergebung und übergibt sich daraufhin selbst der Gerichtsbarkeit.

2.2 Inhaltsangabe

Stichwörter/wichtige Textstellen:
Gegenseitige Schuldzuweisungen nach dem Mord an Luise: Miller schiebt die Schuld auf Ferdinand: „Giftmischer!" (121/24); dieser auf seinen Vater: „Ich bin unschuldig – Danke diesem hier." (120/10); der gibt sie wiederum an Wurm weiter: „Von mir nicht, von mir nicht, Richter der Welt, fodre diese Seelen von diesem!" (120/34 f.) Wurm ist entschlossen, sich und den Präsidenten auszuliefern: „Arm in Arm mit dir zur Hölle!" (121/18 f.) Die Vergebung des sterbenden Sohnes bringt den Präsidenten dazu, sich selbst der Justiz auszuliefern. „Er vergab mir! Jetzt euer Gefangener!" (122/5 f.)

2.3 Aufbau

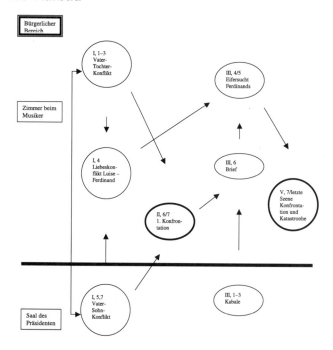

2.3 Aufbau

Auch bei dem Aufbau dieses Trauerspiels behält Schiller die klassische Dramengestaltung bei:

	1. Akt: Exposition, erregendes Moment
Äußere dramatische Handlung	Schiller ist ein Meister der Exposition. Hier wird die dramatische Ausgangsposition vorgeführt: – die nicht standesgemäße Liebesbeziehung zwischen Ferdinand von Walter und Luise Miller (I, 1–I, 4); – die Milieuschilderung der bürgerlichen Familie, die die ständisch-patriarchalische Welt des Elternhauses Luises zeigt (I, 1–I, 3); – das Anlaufen der ersten Kabale, durch die der Präsident von Walter in das Liebesverhältnis eingreift (I, 5–I, 7). Schon in den ersten Szenen klingt die Doppeldeutigkeit der bürgerlichen Moral an, die dann im fünften Akt in Erscheinung tritt und die Katastrophe mit auslöst.
Innerer Konfliktstoff	– Die Liebesbeziehung zwischen Luise und Ferdinand widerspricht der herrschenden Gesellschaftsordnung: Luises Vater stammt aus dem ständischen Bürgertum, das aus den Zünften des Mittelalters hervorgegangen ist und im 18. Jh. von der neuen liberalen Schicht der Fabrikbesitzer, Intellektuellen, Beamten u. a. abgelöst wird. Er ist zwar selbstbewusst, grenzt sich deutlich von den Mo-

2. Textanalyse und -Interpretation

2.3 Aufbau

ral- und Lebensvorstellungen des Adels ab, aber erkennt die bestehende Gesellschaftsordnung an. Der Präsident von Walter zeigt sich als typischer Vertreter einer korrupten Adelsschicht. Für ihn ist Luise eine „Bürgerkanaille", ein Umgang mit Menschen dieser Schicht ist nicht denkbar, es sei denn, sie dienen seinen Zwecken als Marionetten. Die bestehende Gesellschaftsordnung ermöglicht ihm ein angenehmes Leben und forciert seine Karriere.
- Die Liebesbeziehung führt zu Konflikten innerhalb beider Familien: Beide Väter wollen das Beste für ihre Kinder, aber mit völlig unterschiedlichen Zielen und Mitteln.
- Völlig unterschiedliche Moral- und Lebensvorstellungen prallen aufeinander:
• im bürgerlichen Bereich: Miller ist ein Patriarch, der sich auf Grund seiner ökonomischen und moralischen Überlegenheit als Oberhaupt seiner Familie versteht. So vertritt die Familie Miller eine strenge christliche Ethik. Die bürgerliche Moral führt zur Zerrissenheit Luises, die ihr Auftreten von der ersten Szene an bestimmt (verinnerlichte Moralvorstellungen des Vaters und ihre eigene Leidenschaft – Bild des Messers). Resignierend verschiebt sie die Erfüllung ihrer Sehnsüchte ins Utopische. Bürgerlich ist die Ausgliederung der Sexualität und ihre Stilisierung in der Zweierbeziehung.

2.3 Aufbau

- im adligen Bereich: Der Präsident kennt keine moralischen Skrupel, dies wird in der Darlegung seiner Gründe für die Verkupplung Ferdinands mit der Mätresse des Herzogs, in seiner intriganten Vorgehensweise gegen den eigenen Sohn und in dem Geständnis eines Mordes deutlich. Sexualität ist hier höfisches Instrument, zur beliebigen Verwendung freigegeben. Ferdinand will nicht den vom Vater vorgezeichneten Weg in der Welt der Hofschranzen gehen. Er will die gegebenen Umstände nicht hinnehmen und erhebt Anspruch auf persönliches, schrankenloses Glück. Sein Wertmaßstab ist die Selbstidentität (bürgerlicher Begriff vom sich selbst genügenden Herzen).

2. Akt: Steigende Handlung

Äußere dramatische Handlung	Der Ablauf der dramatischen Handlung wird zunächst durch die ausführliche Vorstellung der Lady Milford und ihrer Auseinandersetzung mit der Dienerschaft und Ferdinand gesteigert. Dann entwickelt sich die Kabale in einem ersten, plumpen Versuch, mit dem der Präsident Luise und Ferdinand trennen will. Dieser Versuch scheitert.

2.3 Aufbau

Innerer Konfliktstoff	- Die politisch-soziale Dimension, die im ersten Akt schon deutlich wird, kann mit den Szenen um Lady Milford noch erweitert werden. Deutlich formuliert Schiller in der realistischen Beschreibung der Lebensumstände und dem menschenverachtenden Umgang mit Untertanen seine Kritik am Despotismus. Darüber hinaus zeigt er deutlich sein Missfallen am Mätressenwesen, welches Unsummen verschlingt, die auch durch den Verkauf von Untertanen beschafft werden. - Die Figur der Lady und ihr Handeln setzt den dramatischen Konflikt in Gang. Die Lebensgeschichte der Lady gibt Ferdinand die Möglichkeit, sich öffentlich zu Luise zu bekennen. Bisher hat er seine Liebe erfolgreich am Hof verborgen gehalten, weil er den Widerstand fürchtete, und genau diesen leitet die Lady ein. Denn auch sie hat ihre Intrigen gesponnen und muss auf die neue Situation reagieren. - Die völlig unterschiedlichen sittlichen Wertvorstellungen prallen in dieser ersten Konfrontation aufeinander: Miller demonstriert durch Worte und Haltung die moralische Überlegenheit der bürgerlichen Familie. Er geht soweit, dass er von seinem Hausrecht Gebrauch machen will, was den Präsidenten auch rechtlich ins Unrecht gesetzt hätte. Der

Präsident verkörpert den sittlichen Verfall der Hofgesellschaft, er stützt sich auf brutale Gewalt und demütigt Luise dadurch, dass er in ihr ein vorübergehendes sexuelles Lustobjekt eines Adligen sieht.

Äußere dramatische Handlung	**3. Akt: Höhepunkt, Klimax** Nun werden die Konstellationen hergestellt, die unweigerlich zum Untergang der Liebenden führen: - Wesentlich raffinierter und noch subtiler entwickelt Sekretär Wurm eine zweite Kabale (III, 1–III, 3), die mit dem vorgetäuschten Liebesbrief Luises und ihrer Verpflichtung zu schweigen erfolgreich abgesichert ist. (III, 6) - Vorbereitet wird die Kabale, als es wegen Luises Stillschweigen zum Streit zwischen den Liebenden kommt (III, 4). Hier keimt das tragische Missverständnis bei Ferdinand auf, der einen anderen Liebhaber vermutet und von nun an blind vor Eifersucht handelt.
Innerer Konfliktstoff	Wurm kann hier seine Anpassungsfähigkeit, seine Schläue und sein taktisches Geschick zeigen. In der Welt der Millers erschien er schleimig und abstoßend. In der Welt des Präsidenten befähigen ihn seine Eigenschaften zum virtuosen Mitspieler. Er ist der bürgerliche Aufsteiger am Hof, eine

2.3 Aufbau

neue Figur im bürgerlichen Trauerspiel und die ideale Besetzung, um den Konflikt in beide Sphären, die bürgerliche und die adlige, zu streuen. Er kennt auch die psychischen Mechanismen und Schwächen beider Liebenden (III, 1: Ferdinands Eifersucht / Luises Bindung an den Vater, strenge christliche Ethik): Die Widersprüche, die im Gespräch der Liebenden zutage treten, liegen in den Lebensumständen der beiden begründet: Ferdinand hat sich offen gegen seinen Vater gestellt, glaubt sich befreit von ihm. Diese neu gewonnene Freiheit verleitet ihn dazu, Luftschlösser zu bauen, die – je mehr er sich in diese Phantasien hineinsteigert – für Luise immer erschreckender werden. Da er auch Fluchtpläne entwirft, muss Luise, zum ersten Mal in diesem Stück, reagieren. Sie argumentiert aus ihrer ständischen Weltanschauung heraus: die Pflicht gegenüber dem Vater, die nicht zu ändernde Gesellschaftsordnung, in der sie zusammen keinen Platz haben; ihr Verzicht auf Ferdinand ist ihr Opfer, moralische Pflicht. So gelingt es ihr, sich vom egoistischen Anspruch Ferdinands auf sie zu befreien. Dieses bürgerliche Selbstverständnis ist Ferdinand fremd, er kann sie nicht verstehen. Daher gibt es aus seiner Sicht für Luises Veränderung nur eine Erklärung: Sie hat einen anderen Liebhaber. Die Eifersucht ist geweckt, die Kabale findet bei ihm einen idealen Nährboden.

2.3 Aufbau

4. Akt: Wendung, Peripetie

Äußere dramatische Handlung	Die Intrige kann ihren Lauf nehmen und zeigt die gewünschte Wirkung: Ferdinand wird durch den fingierten Liebesbrief in seiner Eifersucht bestätigt und stürzt in tiefe Verzweiflung. Er fasst so schließlich den Entschluss, selbst einen tödlichen Ausgang seiner Liebesbeziehung herbeizuführen. Die Szenen IV, 6–IV, 9 greifen die Lady-Milford-Handlung wieder auf und verlangsamen einerseits den tragischen Handlungsverlauf, andererseits zeigt das Gespräch Milford – Luise eine Parallele zu den Szenen mit Ferdinand auf, da auch hier die tragische Entscheidung zum Selbstmord – hier durch Luise – angekündigt wird.
Innerer Konfliktstoff	Ferdinand unterliegt der List und sieht sich von Luise betrogen. Er verrennt sich derart in diese Vorstellung, dass er gar nicht bemerkt, wie von Kalb die Intrige gesteht. Im Anschluss an das verhängnisvolle Gespräch mit seinem Vater (IV, 5) beginnt er das Mädchen zu hassen. Die Szenen IV, 6–IV, 9 wiederholen noch einmal den Konfliktstoff, der im ersten Akt charakterisiert wird, die Gegenüberstellung der christlich-tugendhaften Welt der Bürgerlichen und drt unmoralisch höfischen Scheinwelt, wobei Luise den Sieg davonträgt und die Mög-

2.3 Aufbau

lichkeit erhält, sich an der Lady zu rächen für ihr Opfer.

5. Akt: Fallende Handlung, retardierendes Moment, Katastrophe

Äußere dramatische Handlung

Der Ablauf der Tragödie erfährt zunächst eine weitere Retardierung, sogar einen scheinbaren Umschwung, als Luise auf Drängen ihres Vaters den Plan, Selbstmord zu begehen, aufgibt. Mit dem Auftreten Ferdinands steuert die Handlung dann doch auf die Katastrophe zu. Er verschafft sich noch einmal Gewissheit über die Echtheit des Briefes an den Hofmarschall. Gebunden an die Schweigepflicht, bestätigt Luise dies unter dem Druck des Vaters (V, 2). Ferdinand beginnt daraufhin mit der Inszenierung des Mordes. Er lässt Luise selbst das todbringende Getränk zubereiten. Unterdessen regelt Ferdinand seine Geschäfte mit Luises Vater (V, 3–5), schickt ihn fort und vergiftet die Limonade, die Luise hereingebracht hat. Nachdem beide vom Gift getrunken haben, kommt die Wahrheit heraus, aber die Folgen des tragischen Missverständnisses können nicht mehr rückgängig gemacht werden. Luise stirbt, nachdem sie Ferdinand und allen an der Kabale Beteiligten verziehen hat (V, 7). Ferdinand stirbt im Beisein seines Vaters und verzeiht ihm auch. Erschüttert vom Ausgang der Kabale stellt sich der

2.3 Aufbau

Präsident dem Gericht, nachdem Wurm angekündigt hat, die Verbrechen des Präsidenten und seine Mithilfe dabei anzuzeigen.

Innerer Konfliktstoff	Das Gespräch zwischen Luise und ihrem Vater kommt nur langsam in Gang. Luise sieht im Tod die Möglichkeit, ihre Beziehung zu Ferdinand, der ihr ganzes Herz ausfüllt, wiederherzustellen. Dieser Gedanke macht sie ruhig und stark. Doch dies ist für den Vater unakzeptabel. Mit einem massiven Autoritätsanspruch setzt er seine Tochter unter Druck. Dabei argumentiert er religiös und moralisch. So zwingt er sie erneut zur Wertekonkurrenz: die Treue zum Geliebten und die Fürsorge für den Vater. Die streng christliche Erziehung des Vaters siegt und ihr Versuch, Selbstidentität in ihrer Liebe zu bewahren, scheitert. Ferdinands Verhalten zeigt, dass Luise ihm alles bedeutet. Er hat seine ganze Existenz auf der Beziehung zu dieser Frau begründet. Da diese Beziehung nun zerstört ist, gibt es für ihn keine Lebensgrundlage mehr und er setzt seinen Mordplan in die Tat um. Luise hatte mit Rücksicht auf den Vater auf ihre Liebe und eine Verbindung im Tod verzichtet. Als ihr klar wird, dass sie sterben muss, ist sie verzweifelt. Sie hat aber die christlichen Moralvorstellungen so verinnerlicht, dass sie selbst jetzt verzeihen kann. Ferdinand und auch Miller sind sich

2.3 Aufbau

ihrer Mitschuld am Tod Luises nicht bewusst. Bei der Erstaufführung war der Schluss noch unversöhnlich. Schiller änderte ihn dahingehend, dass Ferdinand, dem Beispiel Luises folgend, dem Vater verzeiht, der sich dann erschüttert dem Gericht stellt. Hier hat sich der beschwichtigend-optimistische Theoretiker Schiller gegenüber dem scharf attackierenden Dramatiker durchgesetzt.

2.4 Personenkonstellation und Charakteristiken

Personenkonstellation

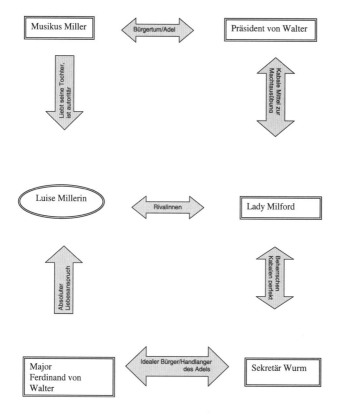

2.4 Personenkonstellation und Charakteristiken

Charakteristiken

Miller

Der Musikus Miller verkörpert den bürgerlichen Familienvater, einen plumpen Charakter, der etwas vierschrötig auftritt und dabei seinen Äußerungen noch einen Schuss Humor beimischt.

> zwiespältig

Von Beginn an ist diese Vaterfigur zwiespältig gestaltet: Er ist der liebevolle Vater, der seine Tochter schützen möchte. Aber zu keinem Zeitpunkt der Handlung ist Miller ein Mann der Tat. Er kündigt zwar ständig an, etwas zu unternehmen, es geschieht aber nichts. So will er zum Präsidenten gehen, um ein Gespräch von Vater zu Vater zu führen – er bleibt zu Hause. Bei der ersten Konfrontation mit dem Präsidenten will er vom Hausrecht Gebrauch machen – er kündigt es lediglich an. Miller lebt in einem engen, aber überschaubaren Lebensraum. Seine Selbstsicherheit bezieht dieser städtische Kleinbürger daraus, dass er sich durch seine Arbeit eine Existenz geschaffen und Kalkulierbarkeit in sein Leben gebracht hat. Der Musikus fügt sich in die Ordnung der Ständegesellschaft ein und wünscht keine Experimente, wie sie auch diese Liebe hervorrufen könnte. So besteht er auf einer Beendigung der Beziehung zwischen seiner Tochter Luise und dem Adligen Ferdinand von Walter, als er erkennt, dass die beiden mehr als die Liebe zur Musik verbindet. Zu der Selbstsicherheit, die aus der beruflichen Position heraus entwickelt ist, tritt ein festes Gottvertrauen. Diese Frömmigkeit setzt er schließlich unter anderem auch bewusst ein, um seine Tochter vom Selbstmord abzuhalten. Hier zeigt er seine ganze väterliche Macht und holt Luise so in seine Welt zurück. Ihm ist nicht klar, dass er das Mädchen damit zerstört.

> patriarchalisch

Gegenüber den beiden Frauen, die ihn umgeben, verhält er sich patriarchalisch: Für sein einziges Kind Luise, erzogen nach seinen Wertmaßstäben, empfindet er eine fast abgöttische Liebe. Ihr gestattet er –

2.4 Personenkonstellation und Charakteristiken

natürlich innerhalb der Standesgrenzen – die freie Wahl eines Ehepartners. Zu seiner Frau besteht offensichtlich kein Vertrauensverhältnis. Dieser bornierten, undiplomatischen Frau gegenüber verhält er sich ausschließlich als befehlender Patriarch, ohne viel auszurichten. So will sie, wenn Miller sich Luises Heiratsplänen widersetzen will, vor Gericht gehen. Frau Miller stellt einen anderen Typ von Ehefrau dar als den, zu dem Miller seine Tochter erzogen hat. Seine Frau handelt ohne oder gegen sein Wissen, indem sie die Beziehung zwischen Luise und Ferdinand heimlich fördert. Dabei fällt für sie so manches kleine Geschenk ab und sie fühlt sich geschmeichelt, einen feinen Herrn im Hause zu haben. Hier spielt sich im kleinen, engen familiären Rahmen eine ständige Intrige ab.

Obwohl Miller der kleinen, überschaubaren Welt verhaftet ist und ein gewachsenes bürgerliches Selbstbewusstsein zeigt, hat auch er geheime Träume vom großen Glück und einem gesellschaftlichen Aufstieg. Als Ferdinand ihm eine große Summe gibt, wird dieser Charakterzug deutlich, der sich bisher nur in der Geld-Metaphorik Millers und Andeutungen (s. I, 1) widerspiegelte. Der unerwartete Geldbesitz deckt diese Träume auf und lässt Miller in seinem Tanz um das Gold mit verzerrtem Gesicht abstoßend wirken. Am Schluss des Dramas, als er vor der Leiche Luises steht, wird klar, dass sein väterlicher Autoritätsanspruch gescheitert ist, und er läuft verzweifelt davon.

Insgesamt gesehen ist Miller eine Gestalt mit zwei Gesichtern: Einerseits selbstbewusst, andererseits in engen Grenzen verhaftet und selbst nicht frei von Herrschaftshaltung, besonders Luise gegenüber. Als ständisch gesinnter Bürger ist er unfähig, die Probleme und Konflikte der jungen Generation zu verstehen, und bei der Lösung helfen kann er schon gar nicht.

Der Präsident

Der Präsident steht in scharfem Kontrast zu Miller. Er ist der mächtige Minister, bei dessen Auftreten im Fürstentum alle zit-

2.4 Personenkonstellation und Charakteristiken

stellt Eigennutz über alles

tern. Sein Handeln ist darauf ausgerichtet, seine Stellung am Hofe zu festigen und sich die Gunst des Herzogs zu sichern. Dabei unterwirft er Menschen, Wertvorstellungen und Gefühle dem rationalen Machtkalkül.

Klug begünstigt er die Leidenschaften des Fürsten, um ihn so von Regierungsgeschäften fern zu halten und möglichst allein die Regierungsgewalt ausüben zu können. Er stellt sich mit der Mätresse des Herzogs gut; er schmeichelt dem albernen Hofmarschall von Kalb, obwohl er ihn verachtet, weil er ihn für seine Zwecke braucht.

Liebe sieht er als törichte Schwärmerei an, ansonsten haben Beziehungen zwischen Mann und Frau – sofern sie nicht schlicht sexuelle Bedürfnisse befriedigen sollen – der Absicherung von Macht und Einfluss bei Hofe zu dienen. Selbst der eigene Sohn wird dieser Politik unterworfen, indem er zum Schein die Mätresse des Herzogs heiraten soll und mit dieser Ehe dem Herzog den Weg frei macht, eine aus übergeordneten politischen Gründen angezeigte Ehe einzugehen. (Dies ist zur damaligen Zeit eine durchaus übliche Vorgehensweise.) Sein Sohn wird zur Marionette wie alle anderen auch, wenn der Vater seine Interessen durchsetzen will: Er schmeichelt, er droht unverhohlen, er ordnet sogar eine Umarmung an. So scheint letztlich alles den Nützlichkeitserwägungen des Präsidenten zu unterliegen; eine übergeordnete Autorität gibt es nicht und die Menschen werden wie Figuren auf dem Schachbrett bewegt; Unberechenbarkeit und Willkür sind die Folge für die Untertanen. Bei der Durchführung seiner Pläne gibt sich der Präsident als seriöser und gewiefter Staatsmann, der zwar auch einmal direkt eingreifen kann – wenn er Luise mit der Unterstellung, sie sei doch nur Ferdinands Hure, in die Enge treibt –, der aber lieber andere (Wurm, Hofmarschall) Intrigen planen und ausführen lässt und erst an Punkten, wo eine besondere Wirkung erreicht werden kann, in heuchlerisch Erscheinung tritt (IV, 5).

Eine Schwachstelle seiner Machtpolitik liegt in seiner Vergangen-

2.4 Personenkonstellation und Charakteristiken

heit: Der Mord an seinem Vorgänger, der ihn erst in diese Spitzenposition gebracht hat. Hier zeigt sich noch einmal, dass in diesem Herrschaftssystem nicht staatsmännische Fähigkeiten, sondern absolute Skrupellosigkeit eine Karriere fördert. Um Luise vor dem ersten Zugriff des Präsidenten zu schützen, nutzt Ferdinand genau diese Schwachstelle aus und macht seinen Vater dadurch handlungsunfähig. Es gibt noch einen Mitwisser, Wurm, dessen sich der Präsident nicht absolut sicher ist, der aber im Gleichgewicht des Schmarotzersystems unangetastet bleibt; der Präsident verhilft dem bürgerlichen Wurm zu Macht, dieser unterstützt ihn bei der Sicherung seiner Machtposition.

> Skrupellosigkeit

Der Präsident muss am Ende erkennen, dass sich die Menschen nicht immer wie Schachfiguren bewegen lassen, sondern eigenen Empfindungen und Wertvorstellungen folgen, die nicht allein Nützlichkeitserwägungen oder Machtbestrebungen untergeordnet sind. Tragisch ist, dass die Lösung hier aus diesem Konflikt nur durch Selbstmord möglich ist.

Der Tod seines Sohnes und die gegenseitigen Schuldzuweisungen zerreißen das sorgfältig gesponnene Intrigennetz; Wurm verliert jede Scheu vor seinem Herrn und will dessen Geheimnisse preisgeben. Gebrochen durch den Tod seines Sohnes, stellt der Präsident sich dem Gerichtsdiener und lässt so sein bisheriges Leben hinter sich.

Luise

Die Hauptfigur des Trauerspiels, das sechzehnjährige, bürgerliche Mädchen ist eine schöne und schlanke Erscheinung mit blondem Haar und sanften „Vergissmeinnichtaugen". Sie ist zurückhaltend und fühlt sich fest eingebunden in die bestehende Gesellschaftsordnung. Die christliche Erziehung in dem kleinbürgerlichen Elternhaus hat sie zur Liebe gegenüber den Eltern erzogen und sie akzeptiert traditionsgemäß, dass die Frau gesellschaftlich eine untergeordnete Rolle spielt. Dieses Elternhaus engt Luises Bewe-

2.4 Personenkonstellation und Charakteristiken

gungsraum ein und bindet sie an Verhaltensnormen, die die Liebe zu Ferdinand von vornherein unmöglich machen. Liebe ist ihr eine Herzensangelegenheit. Sie verabscheut das moralisch ungezügelte Leben bei Hofe. Gehorsam, Ehrlichkeit und Wahrhaftigkeit sind für sie oberste Handlungsmaxime. Die einzige Freiheit – gleichzeitig auch ein gesellschaftlich moderner Zug – die ihr gestattet ist, ist die freie Wahl eines Ehepartners, allerdings innerhalb der Standesgrenzen. Diese Freiheit nutzt sie auch, als sie die Werbung Wurms erfolgreich ablehnt.

> Gehorsam, Ehrlichkeit und Wahrhaftigkeit

Ihre Abwechslung besteht darin, dass sie musizieren gelernt hat, regelmäßig die Gottesdienste besucht und viele Romane und Gedichte liest, so dass ihre Gedanken und Äußerungen die Formulierungen der Dichter widerspiegeln (siehe z. B. 13/18 f., „Blümchen Jugend ... Veilchen", Anspielung auf das Goethe-Gedicht *Das Veilchen*).

Mit dem Auftauchen Ferdinands bricht eine fremde Welt in ihr behütetes Leben ein. Der übliche Kontakt mit einem Adligen würde darauf hinauslaufen, dass Luise Geliebte und Mätresse werden würde, solange sie attraktiv genug ist. Bei dieser Konstellation kann Luise nur menschlich und persönlich verlieren. Aber sie kann auch nur verlieren, wenn sie auf Ferdinands Angebot, ihre Beziehung ausschließlich auf Liebe zu bauen, eingeht. Denn eine so begründete Zweierbeziehung ist nicht nur am Hof unüblich und sie würde, da sie über Standesgrenzen geht, gar nicht akzeptiert werden.

So gerät Luise in den Zielbereich der Intrige. Sie wird gezwungen, einen Teil ihrer Werthaltung, ihren „ehrlichen Namen", aufzugeben, um einen anderen zu retten: Sie muss auf Geheiß des Sekretärs Wurm eine Liebschaft mit dem Hofmarschall von Kalb vortäuschen, um ihre Eltern aus der Gewalt des Präsidenten zu befreien. Es passt in die Berechnung der Intrige, dass sich Luise an das Versprechen der Verschwiegenheit hält, und es bestätigt das Bild von dem ohnmächtigen Bürgertum, wenn Luise an das

2.4 Personenkonstellation und Charakteristiken

Notwehrrecht, das die Übertretung eines erzwungenen Gebots erlaubt, zu keinem Zeitpunkt denkt.

Luise kann nicht selbstbestimmt handeln. Sie ist sowohl ihrem Vater als auch Ferdinand ausgeliefert und leistet dort Widerstand, wo sie es aufgrund des erlernten Wertekanons kann (vgl z. B. III, 4). Ihre Einbettung in die väterlichen Wertvorstellungen macht ihr Weltbild starr. Genauso wenig, wie Ferdinand ihre Argumentation verstehen kann, ist sie in der Lage, Verständnis für Ferdinand aufzubringen.

Den Zwiespalt zwischen der persönlichen Liebe und dem gesellschaftlichen Standort akzeptiert Luise als tragisches Schicksal. Sie hat zwei Gottesvorstellungen: von ihrem Vater den richtenden und strafenden Gott und von Ferdinand den „Vater der Liebenden", der im Herzen wohnt und einen Selbstmord um der Liebe und des Sich-selbst-treu-sein-Könnens willen verstehen würde. Diese Vorstellung Ferdinands hilft ihr, einen Weg aus ihrem Dilemma zu finden, der sie beruhigt. So verteidigt sie ihren Standpunkt selbstbewusst vor Lady Milford und sieht am Ende ihres Schicksals den Selbstmord.

> Zwiespalt zwischen der persönlichen Liebe und dem gesellschaftlichen Standort als tragisches Schicksal

Aus Vaterliebe und Gehorsam gibt sie diesen Glauben und sich selbst auf und fügt sich in die Lebensperspektive eines in der Stadt entehrten Mädchens.

Erst als sie dann doch durch das Gift Ferdinands sterben muss, fühlt sie sich nicht mehr an den Eid gebunden.

Lady Milford

Lady Milford ist der Gegenpol zu Luise: Sie weiß ihr Schicksal in die Hand zu nehmen und versucht ihre Bedürfnisse zu erfüllen. Sie befindet sich vom bürgerlich-staatsbürgerlichen Standpunkt aus in einer verwerflichen Position. Sie lebt in großem Reichtum und ist gesellschaftlich geachtet. Als in Not geratene adlige Frau hatte sie

> Gegenpol zu Luise

2.4 Personenkonstellation und Charakteristiken

nur wenige Möglichkeiten, um zu überleben. So wurde sie die Mätresse des Herzogs, hat ihm aber den Eid abgenommen, seine Untertanen zu schonen. Ihre Dienerschaft behandelt sie ungewöhnlich gut, und als sie vom Verkauf der Landeskinder als Soldaten nach England hört, versucht sie die Not durch Geldgeschenke zu lindern. Sie erkennt wohl, dass ihr Leben in heute unvorstellbarem Luxus nur möglich ist durch die Ausbeutung eines ganzen Landes, trotzdem fühlt sie sich dem Hof verbunden und nutzt zur Durchsetzung ihrer Wünsche die Mechanismen des Hofes: Intrige und bewusst gestreute Information. Sie verabscheut die künstliche Prachtentfaltung des Hoflebens und sucht statt dessen Wärme und echte Liebe, was man nicht erwartet hätte. Sie beneidet Luise, die über diese Liebe verfügt. Es ist tragisch und beschleunigt den Verlauf der Kabale, dass ihre Liebe Ferdinand gilt. Da dieser an seiner Beziehung zu Luise festhält, kommt die Lady ihrem Ziel nicht näher.

Lady Milford scheitert. Sie erkennt, dass sie eine Liebe, wie sie sie selbst gern erfahren hätte, zerstören würde. So entzieht sie sich der Kabale und verzichtet auf ihre Machtposition. Dafür liefert sie vordergründig als Grund den Vertragsbruch des Herzogs, der den Abbruch der Beziehung rechtfertigt.

Ferdinand

Ferdinand ist ein Held der großen Worte, nicht der großen Taten.

reiner Theoretiker

Er ist von seiner Biografie und von seiner Einstellung her auch nicht auf große Taten eingestellt. Obwohl Ferdinand einen verhältnismäßig hohen militärischen Rang, und zwar den eines Majors, hat, ist er mit seinen 20 Jahren kein durch das Leben geprägter junger Mann. Im Gegenteil, er ist ein reiner Theoretiker. Von der „Akademien" her hat er die hohen Ideen von Menschenrechten, von Seelengröße und vom persönlichen Wert des Einzelnen mitgebracht. Er stellt sich wortreich und pathetisch gegen gesellschaftliche Vorurteile, gegen den Standesdünkel und gegen die Standesschranken.

2.4 Personenkonstellation und Charakteristiken

Mit diesen Idealen und Vorsätzen ist er in der höfischen Gesellschaft, die – wenn sie überleben will – mit stets wechselndem Verhalten taktieren muss, um sich die Gunst des Fürsten und damit ihre Macht zu erhalten, von vornherein ein Fremdkörper. Dies wird verstärkt, als sich Ferdinand in die Bürgerstochter verliebt und auch noch heiraten will.

Ihm liegt nichts an der Hofkarriere, die sein Vater auf kriminellen Wegen für ihn vorbereitet hat. Er bewertet ein Zusammenleben mit Luise höher als das Hofleben (I, 7), obwohl er weiß, dass er sich mit diesem Vorhaben ins gesellschaftliche Aus katapultiert. Seinem Vater muss Ferdinand so als missratener Sohn erscheinen, der sein Lebenswerk in Frage stellt.

Da seine Kritik am Verhalten der Mächtigen nicht in den Willen mündet, selbst Macht auszuüben, um eine gerechte Herrschaft mit neuen Idealen zu errichten, schwebt dem Idealisten ein Rückzug nach „Nirgendwo" vor. Ferdinand hat kein Fundament, in das er seine Vorstellungen betten könnte: Er lehnt die Welt des Adels als Basis ab; die Gesellschaft, die diese neuen Ideale umsetzt, gibt es zu dieser Zeit noch nicht. So ist es verständlich, dass er keinen Aufenthaltsort benennen kann, an dem eine legitimierte Zweierbeziehung möglich wäre.

Ferdinand liebt Luise „um des Ideals", nicht um „des Gegenstand willen". Er liebt sein Ideal von der Liebe, Gleichklang der Herzen über Standesgrenzen hinweg. Sie umfasst „alles". Daraus erklärt sich auch Ferdinands Blindheit für die konkreten Lebensbedingungen Luises.

So einsichtig Ferdinands Auffassung von Liebe und Gesellschaft heute wirkt, so wenig gelingt es ihm, dies seiner Umgebung zu vermitteln. Er ist nicht diplomatisch genug, um für sich zu werben, er unterstellt einfach die unmittelbare Wirkung der von ihm vertretenen Ideale. Er geht in ihnen so pathetisch, überzogen euphorisch auf, dass er seine tatsächliche Lage nicht mehr wahrnimmt. So wird eine realistische Einschätzung der Intrige seinerseits verhindert und werden Äußerungen, die die ausweglo-

2.4 Personenkonstellation und Charakteristiken

se Situation Luises sofort bereinigt hätten (Eingeständnis von Kalbs, versteckte Andeutungen Luises), gar nicht mehr wahrgenommen. Das schon penetrante Pochen auf moralische Grundsätze und seine herablassende Art bringen auch Lady Milford gegen ihn auf.

> Ferdinands emotionaler Idealismus ist gekoppelt mit persönlicher Empfindlichkeit

Ferdinands emotionaler Idealismus ist gekoppelt mit persönlicher Empfindlichkeit, die es auch Luise schwer machen, sich ihm anzuschließen. Er findet keinen Verbündeten und so bewirken seine Handlungen keine Lösung des Problems; im Gegenteil, sie verstärken die intrigante Energie der Gegenseite.

So isoliert, kommt Ferdinand auf seinen Plan, der auf einen Einzelgänger zugeschnitten ist, heimlich ausgeführt wird und in eine unumkehrbare Extremsituation führt. Nachdem er einmal diesen Entschluss gefasst hat, ist er nicht mehr in der Lage, Informationen aufzunehmen, die ihn von seinem Vorhaben abbringen könnten. Er kann sich selbst nicht mehr helfen.

Aber durch die Erschütterung, die seine Bereitschaft zu Mord und Selbstmord hervorruft, bewirkt er Reue bei seinem Vater. Insofern lässt sein Idealismus doch die Möglichkeit einer besseren Gesellschaft durchscheinen.

Sekretär Wurm

Wurm ist ein soziales Zwitterwesen: Als Bürger seit langem im

> soziales Zwitterwesen

Dienst des Adels, vertritt er dessen Vorstellungen und Interessen. Er ist kein schlichter Handlanger des Präsidenten, sondern kann mit eigenständiger krimineller Energie Intrigen betreiben und dem Präsidenten eingeben. So ist er als Einziger geeignet, die Kabale in Gang zu setzen, weil er einerseits weiß, wie Ferdinand denkt und welche Mittel daher geeignet sind: Er hat richtig vorausgesehen, dass Ferdinand den Betrug, blind vor Eifersucht, nicht durchschauen vermag. Andererseits kennt er das Wertesystem, in dem die

2.4 Personenkonstellation und Charakteristiken

Millers leben und welche Möglichkeiten sich daraus ergeben. So weiß er genau, dass das fromme Mädchen einen geleisteten Schwur niemals brechen würde. Er möchte die Pläne des Präsidenten so nutzen, dass für ihn dabei Luise als Ehefrau abfällt. Um sie zu als Gattin zu erhalten, versucht er ihr Verhältnis zu Ferdinand dadurch zu zerstören, dass er zunächst den Präsidenten davon unterrichtet und ihn anreizt, die Familie Miller zu bedrohen, dann dadurch, dass er Luise zwingt, einen Brief zu schreiben, der ihre hohen moralischen Grundsätze als bloße Tarnung für einen lockeren Lebenswandel entlarven soll. Damit ist sie für einen ehrbaren bürgerlichen Ehemann unakzeptabel geworden, so dass sein Heiratsangebot als ideale Lösung erscheinen muss.

Wurm weiß genau, wie er das Wertesystem der anderen für seine Intrigen arbeiten lassen kann. Er scheitert aber doch, weil er nicht damit gerechnet hat, dass Ferdinand seine Empfindungen bis zur letzten Konsequenz durchdenkt und sie höher stellt als alle anderen sonst bei Hofe üblichen taktischen Arrangements mit dem gerade Mächtigen. Die Reduktion aller Beziehungen zum bloßen Positionskampf um eine Stellung in der Hierarchie zeigt sich auch in der Figur des von Kalb, des Hofmarschalls. Der Zuschauer betrachtet ihn belustigt, der Präsident kann ihn verachten, weil dessen Geschäfte und kleine Unglücke derart belanglos sind. Deutlich wird in dieser Karikatur aber auch der ständige Kampf um Positionen mit Einfluss, der grundsätzlich auf Kosten des „unbescholtenen Mannes" geht. In diesem System ist die Selbstaufgabe als einzige Möglichkeit nicht denkbar.

2.5 Sachliche und sprachliche Erläuterungen

Titel

Kabale: geheimer Anschlag, Ränkespiel, Intrige

I. Akt, 1. Szene
S. 5:
ins Geschrei: ins Gerede.
Ich biete dem Junker aus: Ich verbiete dem Junker mein Haus.
koram nehmen: (lat. coram) vornehmen, ins Gebet nehmen, streng halten.
bringt's mit einem Wischer hinaus: bekommt nur einen Verweis.
raffst Scholaren zusammen: bemühst dich, möglichst viele Schüler zu bekommen.
so ein Musje von: (franz.) so ein junger Adliger.
auf süß Wasser zu graben: einem reinen, unschuldigen Mädchen nachzustellen.
S. 6:
eins hinsetzen: ein Kind zeugen.
hat's Handwerk verschmeckt: hat Geschmack am Dirnenhandwerk gefunden.
Es hat sich zu behüten: Es hat sich was mit dem Behüten, es wird doch so.
Windfuß: Leichtfuß.
Billetter: (franz.) Briefchen.
darf nur das gute Herz Boten gehen lassen: braucht sich nur des Gemüts zu bedienen.
Du hast den Witz davon: Du hast die Einsicht davon, du hast's verstanden. Die beschränkte Frau, die nie gesehen hat, dass jemand etwas anderes als ein Gebetbuch liest, hält die Romane, die Ferdinand ihrer Tochter bringt, für Gebetbücher und denkt, diese bete daraus.
Kraftbrühen der Natur: ungeschminkte Zeichen der Sinnlichkeit.

2.5 Sachliche und sprachliche Erläuterungen

S. 7:

Bellatristen: „Belletristen" (franz.), Verfasser schöngeistiger Schriften.

Alfanzereien: dummes Zeug.

Sonanzboden: Resonanzboden.

geschmeckt: gerochen.

disguschtüren: disgustieren (lat.), den Geschmack verderben, vor den Kopf stoßen.

I. Akt, 2. Szene

S. 8:

Sekertare: statt „Sekretarius". Die Frau des Musikus täuscht auf unbeholfene Weise Bildung vor.

Frau Base: wie „Herr Gevatter, Herr Nachbar" und im Folgenden „Herr Landsmann" und „Herr Vetter" vertrauliche Anrede an eine bekannte Person. Im ursprüngl. Sinn das deutsche Wort für Cousine.

das Bläsier: statt „das Pläsier"(franz. plaisier), das Vergnügen.

Gewesene: weil sie ihn nun vielleicht gar nicht mehr ansieht.

S. 9:

barrdu: (franz. partout) durchaus.

Was für ein Engel usw.: was für eine Dummheit offenbart sich in diesem Geschwätz.

S. 10:

mich höher poussieren: es höher bringen (poussieren von franz. pousser „stoßen, treiben").

herumgeholt: überredet, eingenommen, betrogen.

Konsens: (lat.) Einwilligung.

S. 11:

sein Gewerb' bestellen: seinen Plan ausführen, seine Absicht erreichen.

den schwarzen gelben Tod: Er denkt an die Abbildung des Todes als Gerippe mit gelblichen Knochen und schwarzem Gewande oder auch an die Pest.

2.5 Sachliche und sprachliche Erläuterungen

auf seinem Gänsekiel reiten: ein „Federfuchser" bleiben und keinen Mann vorstellen wollen (Anspielung auf Wurms Beruf).
Obligation: Verbindlichkeit; hier ironisch: Ich bin Ihnen sehr verbunden für Ihre Mitteilung.
Operment: (aus lat. auripigmentum) giftige gelbe Mineralfarbe aus einem Gemisch von Arsentrioxid und Arsensulfit.
Federfuchser: verächtlich für „Schreiber".
konfisziert: hier: verdächtig aussehend, spitzbübisch.
S. 12:
in Harnisch gebracht: zornig gemacht.
am Marktbrunnen ausgeschellt sein soll: allgemein bekannt sein soll wie eine durch den Ausrufer unter Klingeln auf dem Markt bekannt gemachte Mitteilung.

I. Akt, 3. Szene
S. 13:
ein schlechtes Mädchen: ein schlichtes, kein adliges Mädchen.
ein Veilchen ... unter ihm sterben: vgl. Goethes Ballade *Das Veilchen:*
„Es sank und starb und freut' sich noch:
‚Und sterb' ich denn, so sterb' ich doch
Durch sie, durch sie,
Zu ihren Füßen doch.'"
Bodensatz: das, was mir im Leben noch übrig bleibt.
den Immermangelnden erkannte: den ersehnten Geliebten in ihm erkannte.
S. 14:
über die Planke: über den Gartenzaun.

I. Akt, 4. Szene
S. 16:
der Landeswucher meines Vaters: die Auswucherung des Landes durch meinen Vater.

2.5 Sachliche und sprachliche Erläuterungen

wie der Zauberdrach' usw.: wie der einen vergrabenen Schatz behütende Drache.

I. Akt, 5. Szene
S. 17:
Attachement: Verhältnis.
der Bürgerkanaille: der Schurkin aus dem Bürgerstande.
Flatterien: (franz.) Schmeicheleien.

S. 18:
Witz genug hat, in seinen Beutel zu lügen: Schlauheit genug besitzt, um zu seinem Vorteil zu betrügen.
die Farce: (franz.) der Spaß, das Liebesspiel.
die guten Aspekten meines Stammbaums: Ferdinand wird dann auch in legitimer Ehe sein Geschlecht fortpflanzen, das nach II, 3 schon 500 Jahre besteht.
die Skortationsstrafe: das dem verführten Mädchen zustehende „Kranzgeld" und die Entbindungskosten (Skortation von lat. scortari „Unzucht treiben").
Die Karolin: richtiger *der* Karolin, auch Karlin oder Karldor genannt, eine zuerst 1726 von dem bayer. Kurfürsten Karl Albert geschlagene Goldmünze zu 10 Gulden (ca. 10 Euro), vielfach in anderen süddeutschen Städten nachgeahmt.

S. 19:
geometrisch ermessen: die Reize der Braut körperlich genossen hat.
Ich mache hier gern den Bürgersmann: Ich verzichte gern auf diese Duldsamkeit eines adligen Bräutigams.
Anschlag: Anordnung, Befehl.

S. 20:
Kugeln schleifen: als Festungsgefangener mit einer Kette am Fuß befestigte Kugeln hinter sich herschleifen.
Schröter: Schrotkäfer, Bockkäfer, dem die Knaben einen Faden ans Bein binden, um ihn am Entfliehen zu hindern. Auch der Hirschkäfer heißt so (mhd. schroetel).

2.5 Sachliche und sprachliche Erläuterungen

I. Akt, 6. Szene

S. 21:

Kammerherrnschlüssel: als Zeichen seines Amtes auf die Rockschöße eingestickt.

zwei Uhren: von denen man die Uhrketten rechts und links sieht; damaliger Brauch, um ganz genaue Zeit zu haben.

Chapeaubas: (franz.) niedriger Hut mit dreieckiger Krempe, der bequem unter dem Arm gehalten werden konnte.

à la Hérisson: (franz.) „wie ein Igel"; damalige Modefrisur: gepudertes, zu beiden Seiten hochtoupiertes Haar.

Bisamgeruch: Moschusgeruch.

Lever: die Morgenaudienz des Fürsten.

fingiere: täusche vor.

in der Antischamber: (franz. antichambre) Vorzimmer (des Herzogs).

Impromptu ... Witzes: Stegreifabenteuer ... der Klugheit.

S. 22:

wissen mir: für mich.

einen Merde d'Oye-Biber: einen Biberpelz von Gänsedreckfarbe, was die neueste Mode war.

I. Akt, 7. Szene

S. 24:

dem Romanenkopf: dem, dessen Kopf voll ist von den schönen Romanphrasen von Recht, Edelsinn und Menschlichkeit.

S. 25:

Distinktion: Auszeichnung.

privilegierte Buhlerin: bevorzugte und öffentlich anerkannte Geliebte.

an einem dritten Orte zu wechseln: also nicht im Fürstenpalais, auch nicht im väterlichen Hause, sondern bei der Milford mit dem Fürsten in der Liebe abzuwechseln.

S. 26:

Hinwerfung: Erniedrigung. Entehrung.

2.5 Sachliche und sprachliche Erläuterungen

II. Akt, 1. Szene
S. 28:
Assemblee: die Hofgesellschaft.
die l'Hombre-Tische: die Tische für das L'hombre (von spanisch hombre „Mensch"), Kartenspiel für drei Personen, das Nationalspiel der Spanier, in Deutschland fast ganz vom Skat verdrängt.
Filet: weibliche Handarbeit, Herstellung netzartiger Geflechte (franz. „Netz").
Sackuhren: Taschenuhren.
S. 29:
den witzigsten Kopf: den geistreichsten Kopf. Witz bedeutete damals „Klugheit, Geist".
den Saft von zwei Indien: die Erzeugnisse, besonders Wein, aus Ost- und Westindien.
in stolzen Bögen: als Luxusfontänen, statt sie wirtschaftlichen Zwecken dienstbar zu machen.
das Mark seiner Untertanen: das durch ihre Tüchtigkeit erworbene Geld.
exequieren: gewaltsam hinführen.

II. Akt, 2. Szene
S. 32:
den Lärmen: hier: das Marschsignal.
S. 34:
unter dem schrecklichen Geschirr solcher Tränen: sie vergleicht den Haarschmuck mit dem prächtigen Kopfputz eines Pferdes und die Edelsteine mit Tränen.

II. Akt, 3. Szene
S. 35:
meines Wappens: d. h. meines 500 Jahre alten Adels, der durch diese unedle Mätressenehe befleckt wird.

2.5 Sachliche und sprachliche Erläuterungen

und dieses Degens: d. h. meiner Offizierehre, die dadurch ebenfalls geschändet wird.

S. 36:

Handlungen münzen wie seine Dreier: den Handlungen der Menschen seinen Willen so aufzuprägen wie sein Bild den Dreipfennigstücken.

zu räuchern: Lob zu spenden, wohlriechenden „Weihrauch abbrennen".

S. 37:

Thomas Norfolk: Th. Howard, Herzog von Norfolk (1536-72), plante heimlich, sich mit der gefangenen Maria Stuart zu vermählen und wurde deshalb 1569 gefangen gesetzt. Nach seiner Freilassung trat er 1571 an die Spitze einer Verschwörung zu Gunsten Maria Stuarts gegen Elisabeth, wurde aber wieder gefangen und enthauptet (1572). Schiller plante schon, als er *Kabale und Liebe* beendete, die *Maria Stuart* zu schreiben.

S. 38:

der Parlamente: richtiger nur „des Oberhauses". Das englische Oberhaus, the House of Lords, ist noch heute das oberste und letztinstanzliche Gericht in Großbritannien.

S. 39:

sterbende Schülerinnen usw.: von ihrem Lehrer verführt.

das Lamm: die Opfer fürstlicher Wollust.

Serail: (pers. Regierungssitz persischer, mongolischer, türkischer Herrscher) hier: Palast.

S. 40:

die verlorne Sache der Unschuld ... gerettet: durch Liebkosung des Herzogs bereits verurteilten Unschuldigen zum Rechte verholfen.

S. 41:

Konvenienzen: Angemessenheit, Schicklichkeit; herkömmliche Anschauungen.

S. 42:

alle Minen sprengen: wie der Belagerer alle Pulverminen explo-

2.5 Sachliche und sprachliche Erläuterungen

dieren lässt, um die Festung zu erobern, so will sie nichts unversucht lassen, ihr Ziel zu erreichen.

II. Akt, 4. Szene
S. 43:
blaues Donnermaul: die du das Blaue vom Himmel herunterschwatzt.
wem der Teufel ein Ei in die Wirtschaft gelegt hat: wie der Kuckuck, der als Teufelsvogel gilt, anderen Vögeln zum Schaden ihrer Nachkommenschaft sein Ei ins Nest legt, so sagt man, der Teufel „lege ein Ei in die Wirtschaft", bringe in ein Haus Anlass zum Unheil.
Jetzt hab ich's blank: jetzt hab' ich den deutlichen Beweis.
rekommendiert: richtiger: „rekommandiert", d. h. empfohlen.
Diskant: Oberstimme, hohe Stimme.
mein blauer Hinterer: indem ich Stockhiebe bekomme. Er denkt an das „Stockhaus" (Zuchthaus).
Konterbass: richtig: „Kontrabass", die Bassgeige, das größte und tiefste Streichinstrument der Geigenfamilie.
S. 44:
makeln: vermitteln.
sorg auch für deinen Kuppelpelz: der Heiratsvermittler bekam nach altem Brauch bei erfolgreicher Tätigkeit einen Pelz geschenkt. Der Kuppelpelz der Millerin wird in harter Strafe bestehen.

II. Akt, 5. Szene
S. 45:
aus dem gefährlichen Kampf: der Wahl zwischen dir und der Lady.
S. 46:
diese Insektenseelen: diese kleinen kaltblütigen Seelen der Hofleute.

2.5 Sachliche und sprachliche Erläuterungen

S. 47:
den Faden zwischen mir und der Schöpfung: d. h. das Band zwischen Sohn und Vater, das in der Schöpfung (im Leben) für heilig gilt.

II. Akt, 6. Szene
S. 48:
Verschluss: gemeiner Ausdruck für „Beischlaf".
wer das Kind eine Mähre schilt usw.: ... schlecht macht, beleidigt auch den Vater.
S. 49:
Adagio: langsames Musikstück.
devot: unterwürfig.
Promemoria: Denkschrift, Eingabe, Gesuch.
halten zu Gnaden: soll keine Unterwürfigkeit, sondern bei allem schuldigen Respekt die feste Meinung ausdrücken.
Metze: ehrloses Frauenzimmer.
S. 50:
der Leibschneider: In kindlicher Unbefangenheit denkt Miller, die Fürsprache des beim Fürsten beliebten Leibschneiders könne ihm gegen den allmächtigen Minister zu seinem Recht verhelfen.

II. Akt, 7. Szene
S. 50:
wenn sie nur erst das eiserne Halsband um hat usw.: wenn sie als Dirne an den Pranger, die Schandsäule (mit dem eisernen Halsband), angeschlossen ist und von der rohen Menge mit Steinen beworfen wird.
S. 51:
wer nicht auch die Hirnschale usw.: wer nicht nur seine Dienste, sondern auch sein Leben der Behörde vermietet hat.
Pasquill: Schmähschrift oder Satire.

2.5 Sachliche und sprachliche Erläuterungen

S. 52:

Wenn deine Klinge auch spitzig ist: wenn du mit deinem Degen nicht bloß drohen, sondern auch stechen kannst.

III. Akt, 1. Szene
S. 54:

des Patrioten: der das Land von dem schurkischen Präsidenten, seinem eigenen Vater, zu befreien trachtet.

Piquet: franz. Kartenspiel, nach seinem Erfinder Piquet genannt.

S. 55:

ein Gran: (lat. granum „Korn") kleines Apothekergewicht (jetzt: „das" Gran).

Billetdoux: (franz. „süßes Briefchen") Liebesbrief.

S. 56:

Halsprozess: Prozess auf Leben und Tod wegen Beleidigung des Präsidenten, der als Günstling und Siegelbewahrer gewissermaßen der „Schatten der Majestät" des Fürsten ist.

S. 57:

ihre Reputation wiedergebe: ihren guten Ruf wiedergebe, indem ich sie heirate.

Eau de mille fleurs: Tausendblütenwasser, feiner Duftstoff.

die Delikatesse: das Zartgefühl, den feinen Geschmack.

so skrupulös: so bedenklich, um das für unwahrscheinlich zu halten. Ferdinand wird es schon glauben.

III. Akt, 2. Szene
S. 58:

en passant: im Vorbeigehen.

Dido: Oper des italienischen Dichters Metastasio (1692–1782), in der am Schluss die Heldin aus Verzweiflung über den Verrat ihres Geliebten Äneas die Stadt Karthago in Brand steckt. Der Titel der italienischen Oper lautet: *Didone abbandonata* (*Die verlassene Dido*).

poussiert: emporbringt, steigen lässt.

2.5 Sachliche und sprachliche Erläuterungen

fixieren: sicherstellen.
S. 59:
Oberschenk: Mundschenk.
den ersten Englischen: auf dem man zum ersten Mal den englischen Tanz tanzte.
Domino: Maskenkostüm
S. 60:
Redoutensaal: Tanzsaal.
Malice: Bosheit, Tücke.
S. 61:
nicht so verstanden: nicht so gemeint.
S. 62:
Ein Bonmot von vorgestern: eine überlebte Größe (franz. Bonmot: geistreicher Ausspruch).
Mort de ma vie: (franz. „Tod meines Lebens!") Fluch.
Importance: (franz.) Wichtigkeit.

III. Akt, 4. Szene
S. 65:
wie ein Gespenst usw.: Anspielung auf die Sage vom *Fliegenden Holländer*, der auch infolge seines Fluches „von Meer zu Meer" gejagt wurde.
S. 66:
in einsamen Mauern: im Kloster.

III. Akt, 6. Szene
S. 67:
Schandbühne: Pranger, wie ihn der Präsident ihr angedroht hat. Sie meint, Wurm hätte doch gleich auf den Marktplatz gehen können, um sie, seine erhoffte Braut, vom Pranger abzuholen, da er doch der Urheber jener Drohung des Präsidenten sei, die jetzt gewiss verwirklicht werde.

2.5 Sachliche und sprachliche Erläuterungen

S. 68:

im Spinnhaus: im Zuchthaus, wo die Frauen mit Spinnen beschäftigt wurden.

den Eulengesang: Nach dem Volksglauben weissagt der Ruf der Eule (des Kauzes) Unglück.

S. 69:

das Eisen erst langsam ...: wie beim Rädern der Henker erst von unten herauf die Gliedmaßen und zuletzt den Brustkorb mit dem eisernen Rade zerdrückt.

S. 70:

Supplikantin: Bittstellerin.

S. 71:

meiner Willkür ...: bezieht sich auf Wurms „wieder frei machen wollen". Die Gegner tun so, als ob sie es ihr überließen, ob sie wolle oder nicht.

S. 72:

Argus: hundertäugiger Riese der griechischen Sage.

S. 74:

das Sakrament drauf nehmen ... das Siegel geben: die Einnahme des Abendmahls soll das Siegel, die Bekräftigung des Schwures, nichts zu verraten, sein.

IV. Akt, 1. Szene

S. 75:

am Pharotisch: beim Glücksspiel Pharao, so benannt nach dem früher auf einem der Kartenblätter abgebildeten ägyptischen Pharao.

IV. Akt, 3. Szene

S. 77:

Dieses Schnupftuch da fassen sie!: Bei dem Schießen über dem Schnupftuch setzten die Gegner die Pistole einander auf die Brust oder die Stirn.

2.5 Sachliche und sprachliche Erläuterungen

S. 78:

dass du ... etwas in deinen Hirnkasten kriegst!: nämlich meine Kugel.

Der Notnagel zu sein, wo die Menschen sich rar machen?: Mit Diensten, zu denen sich wirkliche, d. h. gute Menschen nicht bereit finden, in der Not auszuhelfen?

der Mietgaul seines Witzes zu sein: sich vom Witze seines Herrn so schlecht behandeln lassen wie ein Mietgaul vom Sonntagsreiter.

wie ein seltenes Murmeltier: das Murmeltier wurde früher von herumziehenden Schaustellern abgerichtet und gegen Geld gezeigt.

dem sechsten Schöpfungstag: am sechsten Schöpfungstag schuf Gott den Menschen.

Als wenn ihn ein Tübinger Buchhändler ...: Die beiden Tübinger Buchdrucker Schramm und Frank waren damals dafür bekannt, dass sie schlechte Nachdrucke herstellen ließen.

Unze: Gewicht von etwa 31 Gramm, während das Durchschnittsgewicht des männlichen Gehirns ca. 1.400 Gramm beträgt.

S. 79:

Mit Trebern und Bodensatz noch Kreaturen speist: der mit dem, was andere Geschöpfe verabscheuen, noch gewisse elende Kreaturen am Leben erhält.

Treber: Rückstände beim Weinkeltern und Bierbrauen.

Bicêtre: berühmtes Hospital im Südwesten von Paris, ursprünglich ein altes Ritterschloss, später Armen-, Kranken- und Irrenhaus.

zu buhlen: selbst ausschließlich sinnlicher Verkehr mit diesem Mädchen muss reizender sein als schärmerischer Umgang mit anderen Mädchen.

2.5 Sachliche und sprachliche Erläuterungen

IV. Akt, 4. Szene
S. 80:
Fodre sie mir nicht ab: Gott fordert zwar: „Die Rache ist mein", doch diesmal soll die Rache bei dem Menschen Ferdinand verbleiben dürfen.

IV. Akt, 6. Szene
S. 83:
Antischamber: Vorzimmer.
Heiducken: Bedienstete in der Tracht des ungarischen Volksstammes der Heiducken.

IV. Akt, 7. Szene
S. 84:
Mehr Schelmerei ...: Sie verstellt sich mehr, als dieses offene Gesicht es erwarten lässt.
S. 85:
Auf dem unberührten Klavier: in ihrer Unschuld.
eines Morgenrots: der beiderseitigen ersten Liebe.
der einen Demant kaufte ...: der um die Liebe warb, weil das Äußere schön war.
S. 86:
Die Promessen Ihrer Gestalt: das, was sie sich von ihrer Schönheit verspricht, ihre Hoffnungen auf den Eindruck ihrer Schönheit. Promessen: Versprechungen, schmeichelhafte Vorspiegelungen.
Skorpion: gemeint ist Luise für das Gewissen der Lady, falls die Bürgerstochter den Dienstposten bei der Lady angenommen hätte.
S. 87:
meinen ewigen Anspruch: Jeder Mensch hat von Ewigkeit her einen Anspruch auf die Freuden der Welt.
seine Übereilung: dass es mich zu glücklich machen wollte.

2.5 Sachliche und sprachliche Erläuterungen

S. 88:

zur Folie: als Hintergrund zur Hervorhebung. Folie (von lat. folium „Blatt") ist ein dünnes Metallblatt, das beim Einfassen der Edelsteine als Unterlage für diese dient und sonst zum Belegen der Spiegel benutzt wird.

S. 90:

Gott wird barmherzig sein: der Selbstmord gilt als schwere Sünde, vgl. die Äußerung Millers unter V, 1.

IV. Akt, 9. Szene

S. 92:

Serenissimus: (lat.) Durchlauchtigster; bis ins 19. Jh. häufig vorkommende Bezeichnung regierender Fürsten, denen das Prädikat „Durchlaucht" gebührte.

distrait: (franz.) zerstreut; sie hat ihn noch gar nicht beachtet.

Vauxhall: (engl.) Gartenfest, benannt nach dem Dorf V. bei London. Dort befand sich eine seit Mitte des 18. Jahrhunderts bis um 1830 bestehende Vergnügungsstätte der vornehmen Welt.

V. Akt, 1. Szene

S. 96:

der Mann mit dem traurigen Stern: der Präsident, dessen Ordensstern ihr nicht mehr den Glanz des Hofes darstellen kann.

S. 97:

zuschanden gemacht: beschämt.

S. 99:

dein treuloses Gaukelbild: der dich täuschende Wahn, dass Selbstmord keine Schuld sei.

S. 100:

sein letztes Gedächtnis: die letzte Spur meines Denkens an ihn.

2.5 Sachliche und sprachliche Erläuterungen

V. Akt, 2. Szene

S. 101:

sich an die Gewichte ... hing: wünschend, dass die Zeit schneller verginge.

S. 102:

Dein Gesicht schimpft deine Ware: Dein Gesicht widerspricht dem „Erfreulichen", das du zu sagen vorgibst.

Unsre glücklichen Sterne gehen auf: ironisch gemeint.

seinen Witz noch zu kützeln: über das Opfer seines Verbrechens sich noch lustig zu machen.

S. 103:

wird besser bestehn an jenem Tag ...: am Tage des Weltgerichts, weil er meist Besseres schafft als kluge Berechnung.

V. Akt, 3. Szene

S. 105:

wir akkordierten: wir vereinbarten.

S. 106:

An dünnen, unmerkbaren Seilen ...: die „unmerkbaren Seile" sind zufällige, kleine Anlässe (in diesem Fall Ferdinands Flötenstunden), die „fürchterlichen Gewichte" sind schreckliche Folgen (hier der tragische Ausgang seiner Bekanntschaft mit Millers Haus).

V. Akt, 4. Szene

S. 107:

vom Gesicht dieser Tochter herunterzuzählen: in ihrem Anblick zu finden.

V. Akt, 5. Szene

S. 109:

die Stempel: diese Prägungen, Münzen.

2.5 Sachliche und sprachliche Erläuterungen

S. 110:

auf dem Markt: er will in ein vornehmes Viertel, nämlich an den Markt, den Mittelpunkt der Stadt, ziehen.

Dreibatzenplatz: Viergroschenplatz, die Galerie im Theater.

Und soll mir französisch lernen: als Zeichen feiner Bildung.

Haube ... wie die Hofratstöchter: Früher bestimmten strenge Kleiderordnungen, welcher Stand welche Kleidung tragen durfte und markierten damit auch äußerlich die Standesunterschiede schon auf den ersten Blick.

Kidebarri: d. h. Cul de Paris, „Pariser Gesäß", Polster oder Reifgestell, das im 18. und 19. Jahrhundert unter den Frauenkleidern zur Hebung der Rückenlinie getragen wurde.

V. Akt, 7. Szene

S. 112:

akkompagnieren: durch Gesang oder Flötenspiel begleiten.

so mach ich einen Gang ...: so spiele ich ein Stück.

Pantalon: Musikinstrument

S. 113:

von Roman zu Romane: von Liebschaft zu Liebschaft.

von Schlamme zu Schlamm: von einem nur sinnlichen Vergnügen zum anderen.

Wettlauf: in der Liederlichkeit.

moderne Gerippe: lebendige Leichen, von der Wollust zu Grunde gerichtet.

dieser Mutter: der Wollust.

S. 114:

Mit der Zeit wären wir fertig: Anspielung auf die Vergiftung.

Gute Nacht, Herrendienst!: durch das Ablegen von Degen und Schärpe, den Zeichen des Offiziersranges, nimmt er Abschied vom Militärdienst.

S. 115:

in diesem milden Himmelsstrich: nach alter Vorstellung gedeihen die Laster besonders in sehr heißem Klima.

2.5 Sachliche und sprachliche Erläuterungen

Missgeburt: Luises (vermeintlich) schlechte Seele.
S. 116:
die Pest: Sünde.
S. 119:
Der gerührte Würger: der mitleidige Tod.

V. Akt, letzte Szene
S. 119:
die Finte: der Kunstgriff.
deine hölzerne Puppe: der Hofmarschall von Kalb.
S. 120:
auf Sie fall' es nicht: dir will ich die Schuld an meinem Tod nicht anlasten.
S. 121:
Ich wasche die Hände: ergänze: in Unschuld.
an diesem Altar: an Luises Leiche.

2.6 Stil und Sprache

Sehr ausführliche Regieanweisungen	Rolle der Handlungen wird betont.	Vgl. z. B. V, 7
Figurenrede	Dialoge enthalten häufig hohen Redeanteil des Einzelnen (monologhaft).	Vgl. z. B. II, 3 Lady Milford
Stichomythie	Rede und Gegenrede zweier Figuren wechseln von Vers zu Vers im Dramendialog.	Vgl. z. B. I, 7 oder II, 6
Differenzierte Sprachebenen	Figuren besitzen sehr unterschiedliche Sprachkompetenz: Dialekt, Umgangssprache, Hofsprache, Fremdsprache. Trotzdem zeigt sich bei allen eine kunstvoll rhetorisch gesteigerte Sprache.	Vgl. z. B. I, 1 oder I, 6
Sprache der Empfindsamkeit	Leitwort „Herz", emotionstragende Adjektive, besonders in der Sprache Luises, Ferdinands und der Lady	Vgl. z. B. I, 4 „Mein Herz ist das gestrige, ist's auch das deine noch?" (15/10 f.)

2.6 Stil und Sprache

Pathos	absichtlich kunstvoll gesteigerte Sprache, Sprachausdruck der feierlichen Ergriffenheit, des begeisternden Schwungs, der erfüllten/ unerfüllten Empfindung	Vgl. z. B. Dialoge Luise/ Ferdinand
Gesteigerte Bildlichkeit / Hyperbolik	über den gewöhnlichen Wortgebrauch hinausgetriebene Bildlichkeit	Vgl. z. B. Veilchen-Bild „Blümchen Jugend" (13/18) und Mücken-Metapher (13/20 ff.) sowie Bild vom Rad der Verdammnis (81/3 ff.)
Antithesen	Wörter mit entgegengesetzter Bedeutung	Vgl. z. B. „Leichnam" – „leben" (96/30 f.)
Sentenzen	drücken allgemein gültige Ideen aus, überhöhen Sachverhalte sprachlich, Sentenz wird häufig zum Sprichwort	Vgl. z. B. Luise, IV, 7: „Den Anbeter bedauern, Mylady, der einen Demant kaufte, weil er

2.5 Sachliche und sprachliche Erläuterungen

		in Gold schien gefasst zu sein." (85/31 f.); „Die arme Sünderin auf dem berüchtigten Henkerstuhl lacht zu Weltuntergang." (87/20-22)
Klimax	zwei- oder dreistufige Gliederung eines Satzes	Vgl. z. B. Lady IV, 7: „Unerträglich, dass sie mir das sagt! Unerträglicher, dass sie Recht hat!" (87/9 ff.)

2.7 Interpretationsansätze

Die Forschungsgeschichte zu *Kabale und Liebe* wird von dem Gegensatz zwischen vorwiegend soziologisch und vorwiegend metaphorisch argumentierenden Interpretationen bestimmt.

Auffällig beginnt nach 1945 die Auseinandersetzung um dieses Trauerspiel unter dem Zeichen der Suche nach überzeitlichen, allgemein menschlichen Werten. Martini interpretiert 1952 *Kabale und Liebe* als „Tragödie menschlichen Handelns"[9], die zwischen unbedingter Idee und unbedingter Welt in Schuld gerät, Müller-Seidel 1955 (*Das stumme Drama der Luise Millerin*) als Krise des Menschen zwischen Sinnlichkeit und Vernunft, Unmenschlichkeit und ethischer Verpflichtung. Hinter diesen Ansätzen spürt man die Erfahrung der Naziherrschaft. Literatur dient diesen Autoren dazu, sich nach der Katastrophe einer endgültigen Wahrheit zu vergewissern. Sie stellen die Dichtung als letzte Wahrheit der bedingten Lebensrealität gegenüber.

> Suche nach überzeitlichen, allgemein menschlichen Werten

Die marxistische Literaturwissenschaft, die sich auf Engels' Wort vom „ersten deutschen politischen Tendenzdrama"[10] und Mehrings Schilleraufsätze von 1905 und 1909[11] stützt, macht die Kammerdienerszene zum Angelpunkt ihrer Interpretation. So zeichnen sie einen Schiller, der, den Blick sehnsüchtig auf den Unabhängigkeitskrieg in Nordamerika gerichtet, seine Hoffnungen auf die revolutionäre Stimme des unterdrückten Volkes setzt (J. Müller 1955[12], Thalheim 1969[13]).

---

9 Martini, Fritz: *Schillers ‚Kabale und Liebe'. Bemerkungen zur Interpretation des Bürgerlichen Trauerspiels.* In: Der Deutschunterricht Heft 4/1952, S. 18–39. Hier: S. 19.
10 Marx, Karl und Friedrich Engels: *Über Literatur.* Ausgewählt und hrsg. von Cornelius Sommer. Stuttgart: Reclam, 1971 S. 82.
11 Mehring, *Aufsätze zur deutschen Literatur von Klopstock bis Weerth.* Berlin: Dietz, 1961.
12 Müller, Joachim: *Schillers ‚Kabale und Liebe' als Höhepunkt seines Jugendwerkes.* In: Müller, Joachim: Wirklichkeit und Klassik. Beiträge zur deutschen Literaturgeschichte von Lessing bis Heine. Berlin: Verlag der Nation, 1955, S. 116–148.
13 Thalheim, Hans-Günther: *Volk und Held in den Dramen Schillers.* In: Thalheim, Hans-Günther: Zur Literatur der Goethezeit. Berlin: Rütten & Loening, 1969, S. 93 ff.

2.7 Interpretationsansätze

In den 60er und 70er Jahren ist dann eine Reihe allgemeiner Arbeiten zum bürgerlichen Trauerspiel und zum Drama im 18. Jahrhundert erschienen, die strenger historisch vorzugehen versuchen und Material zum innerliterarischen Prozess erarbeiten. So verfasst Guthke 1979 eine religionsgeschichtliche Studie, die die religiöse Thematik in *Kabale und Liebe* ernst nimmt, aber die gesellschaftliche Thematik des Stückes verschwinden lässt.

religiöse Thematik

Die Hartnäckigkeit einer Deutungstradition, die am Allgemeinmenschlichen interessiert ist und dieses als metaphysische Qualität postuliert, ist nicht nur auf Einstellungen der Interpreten zurückzuführen, sondern beruht auch auf der Eigenart des Stückes.

Offenbar werden in *Kabale und Liebe* Konflikte gestaltet, die primär in den Personen selbst und in ihren zwischenmenschlichen Beziehungen verankert sind. So sehr Schillers Figuren mit der ständisch geprägten Außenwelt zusammenprallen, ihre Konflikte kommen gerade dadurch zustande, dass sie sich ein Innenreich bewahren oder aufbauen wollen, welches sich den Festlegungen durch den sozialen Kontext, durch Familie usw. entzieht. Sie wollen nicht gesellschaftliche Tugenden, sondern allgemein menschliche Werte verwirklichen, die nicht in ihrem Privatleben verankert sind: Liebe, Wahrheit, Gott usw. Die idealistischen Interpreten nehmen diesen Aspekt des Werkes in Anspruch und entwickeln ihre eigene Deutung: Die historisch bedingte Entdeckung des Individuellen und Privaten wird aufgefasst als ein zeitlos gültiger Maßstab.

Interessanter fällt R. Janz' Versuch 1976 aus: Er versucht die scheinbar unterschiedlichen Inhalte, soziale, ökonomische, moralische und theologische, in ihrem Zusammenhang so darzulegen, dass deutlich wird: Ihr Ineinandergreifen treibt Luise in die Katastrophe. Nicht theologische oder soziologische Interpretation sind seiner Meinung nach relevant; dies konkretisiert er durch die Figur des Ferdinand. Hier wird die „virtuelle ... Affinität zwischen forcierter bürgerlicher Subjektivität und aristokratischem Sozial-

2.7 Interpretationsansätze

verhalten"[14] anschaulich. Auch durch Ferdinand scheine sich zunächst die „Formel von bürgerlicher Moral und feudaler Amoral zu bestätigen". Der zentrale Ansatz Janz' zielt auf die bürgerliche Moral, die bisher nur wenig beachtet wurde:

> „‚Kabale und Liebe' zeigt nicht nur, wie der Bürger und seine Tugend zum Opfer feudaler Willkür werden; es zeigt sich zugleich die Dialektik bürgerlicher Moral. ... Nicht nur korrumpiert die feudale Amoral die bürgerliche Tugend; sie gibt zugleich den Anstoß, der die Widersprüche hervortreibt, die in der bürgerlichen Moral selbst gelegen sind."[15]

Die bürgerliche Moral ist zwar seiner Meinung nach der feudalen Amoral überlegen, wird aber durch die ökonomischen Bedingungen sehr schnell korrumpiert.[16]

---

14 R. Janz: *Schillers ‚Kabale und Liebe' als bürgerliches Trauerspiel.* In: Jahrbuch der Schillergesellschaft 20 (1976), S. 208–228, hier: S. 223.
15 Ebd., S. 223.
16 Text: Vgl. E. Pickerodt-Uthleb: *‚Kabale und Liebe.'* In: Ekkehart Mittelberg (Hrsg.): Klassische Schullektüre. Berlin: Cornelsen, 2000, S. 23–26 und H. und H. M. Herrmann: *Zum Verständnis des Dramas Kabale und Liebe.* In: H. G. Roloff (Hrsg.): Grundlagen und Gedanken. Frankfurt a. M.: Diesterweg, 1997, S. 60–62.

3. Themen und Aufgaben

Die Lösungstipps verweisen auf die Seiten der vorliegenden Erläuterung.

Thema: Dramenaufbau
- Stellen Sie dar, wie sich die Handlung von Szene zu Szene im 1. Akt entwickelt. Erläutern Sie, welche Konflikte im Mittelpunkt stehen.
- „Schiller ist ein Meister der Exposition" – Überprüfen Sie diese Aussage am Text und nehmen Sie dazu Stellung.

Textgrundlage: I. Akt
Lösungshilfen: s. S. 31–38, 56–59

Thema: Personenkonstellation
- Analysieren Sie das Personenverzeichnis im Hinblick auf Zuordnung und Machtverhältnisse.

Textgrundlage: Personenverzeichnis im Textbuch
Lösungshilfen: s. S. 56, 67

Thema: Kontraste und Parallelen als Struktur der Szenenfolge im I. Akt
- Vergleichen Sie Aufbau und Inhalt der Szenen I, 1-3 und I, 5-7

Textgrundlage: I. Akt
Lösungshilfen: s. S. 57, 59, 31–37

Thema: Die bürgerliche Welt
- Charakterisieren Sie die bürgerliche Welt durch die Figuren Miller, Millerin und Wurm.

Textgrundlage: I, 1-3 und I, 5
Lösungshilfen: s. S. 57–59, 31–36, 68 f., 76

3. Themen und Aufgaben

▶ Schreiben Sie eine Rollenbiografie (Selbstbiografie) Wurms auf der Grundlage der vorliegenden Szenen.
▶ Kommentieren Sie Ihre Fassung, indem Sie sich auf zentrale Aussagen des Trauerspiels beziehen.

Textgrundlage: I, 2, 5; III, 1, 6
Lösungshilfen: s. S. 76 f., 61 f., 57–59, 42, 45 f.

Thema: Die adlige Welt
▶ Zerlegen Sie die vorliegende Szene in Abschnitte (Schnitte).
▶ Erstellen Sie für die szenische Darstellung der einzelnen Schnitte einen Regieplan, in dem der Ort des Geschehens, Personen und deren Handlungen aufgeführt sind. Erklären Sie alle Zeichen, die Sie verwenden.
▶ Kommentieren Sie die einzelnen Schnitte mit einem begleitenden Text. Machen Sie darin deutlich, wie die Personen gesehen und dargestellt werden sollen.

Textgrundlage: I, 7
Lösungshilfen: s. S. 37, 57–59, 69–71, 74–76

Thema: Lady Milford – ein Gegenpol zu Luise?
▶ Analysieren Sie die vorliegende Szene. Arbeiten Sie mit Hilfe ihrer Textkenntnis eine Charakterisierung der Lady heraus und erläutern Sie die Wirkung, die sie auf Ferdinand hat.
▶ Erläutern Sie, welche Funktion diese Szene im Drama hat.

Textgrundlage: II, 3
Lösungshilfen: s. S. 39 f., 59–61, 67

3. Themen und Aufgaben

Thema: Ferdinand

▶ Suchen Sie relevante Textstellen, die über Ferdinand Auskunft geben und schreiben Sie sie als Zitate mit Textstellenangabe auf.

Am Ende der 4. Szene im III. Akt stürmt Ferdinand mit dem Satz „Kalte Pflicht gegen feurige Liebe! – Und mich soll das Märchen blenden? – Ein Liebhaber fesselt dich und Weh über dich und ihn, wenn mein Verdacht sich bestätigt." davon.

Nach dem Treffen mit Luise schreibt er in sein Tagebuch. Er versucht herauszufinden, wer er ist, und reflektiert dabei seine Situation seit seinem ersten Zusammentreffen mit Luise.

▶ Schreiben Sie diesen Text und gehen Sie dabei auf die Ergebnisse der ersten Aufgabe dieses Themas ein.

Textgrundlage: III, 4
Lösungshilfen: s. S. 74–76, 56 ff., 44

Thema: Der Disput zwischen Luise und ihrem Vater

▶ Zeigen Sie die Argumentation Luises auf. Mit welchen Argumenten will Miller Luise vom Selbstmord abbringen?

▶ Was bedeutet Luises Entschluss für ihre Zukunft?

Textgrundlage: V, 1
Lösungshilfen: s. S. 50, 64–66, 68 f., 71–73

3. Themen und Aufgaben

Thema: Der Tod der Liebenden
- Analysieren Sie Ferdinands Gefühle für Luise und die Art, wie er mit ihr umgeht.
- Wie reagiert Luise auf ihn im Streit und im Sterben?

Textgrundlage: V, 7
Lösungshilfen: s. S. 49, 64–66, 73, 75 f.

Thema: Die Wirkung von Kabale und Liebe
- Wählen Sie für sich selbst relevante Zitate des Stückes aus und setzen Sie sie zu einer Collage zusammen.
- Erläutern Sie im Anschluss die Wahl der Textstellen und zeigen Sie anhand Ihres Werkes auf, welche Bedeutung das Trauerspiel für Sie hat.

4. Rezeptionsgeschichte

Am 13. April 1784 findet in Frankfurt die Uraufführung des Stückes unter dem Titel *Kabale und Liebe* statt; am 15. April 1784 die erste Aufführung am Nationaltheater Mannheim[17] in Anwesenheit Schillers.

Das Stück ist erfolgreich. Es wird nicht so stürmisch bejubelt wie zuvor *Die Räuber*, aber es ist auch kein Misserfolg wie der *Fiesco*. Es wird in ganz Deutschland – besonders im norddeutschen Raum – aufgeführt, aber weit weniger häufig als *Die Räuber*. Der Grund dafür ist zum einen die Vielzahl von Familien- und Rührstücken, die aufgeführt werden. Dem kleinbürgerlichen Publikum ist Schiller zu politisch, die Stücke Ifflands, Kotzebues oder Gemmingens sprechen eher den Publikumsgeschmack an.

Zum anderen kritisieren die Intellektuellen das übertriebene Pathos des Stückes. Fast alle Theaterkritiken der 1780er Jahre sprechen dies an.

Karl Philipp Moritz (1756–93), Verfasser des Romans *Anton Reiser*, schreibt 1784 in einer anonymen Notiz in der *Königlich privilegirten Berlinischen Staats- und Gelehrten Zeitung* ein vernichtendes Urteil über *Kabale und Liebe*. Für ihn ist dieses Stück voll „ekelhafter Wiederholungen", „gotteslästerlicher Ausdrücke" und „crassen, pöbelhaften Witzes". Er beendete seine Rezension mit dem Satz:

> „*Nun sei es aber genug; ich wasche meine Hände von diesem Schiller'schen Schmutze, und werde mich wohl hüten, mich je wieder damit zu befassen.*" [18]

---

17 Siehe Oellers, Norbert (Hrsg.): *Schiller – Zeitgenosse aller Epochen.* Dokumente zur Wirkungsgeschichte Schillers in Deutschland. T. 1. Frankfurt a. M.: Athenäum, 1970, S. 372.
18 Braun, Bd. I, S. 74–80.

4. Rezeptionsgeschichte

In einer Rezension aus dem *Tagebuch der Mainzer Schaubühne* (1788) heißt es:

> *„Man hat Schillers dramatische Produkte vergöttert und gelästert, bis zum Himmel erhoben und dann wieder unter den Schwall unsrer so genannten Originalstükke herabgewürdigt. Sie verdienen keines von beiden. Es sind keine vollendeten Meisterstükke, die man im Tempel Deutscher Kunst aufstellen könnte; aber sie tragen Züge von tiefer Menschenkenntniß, von glühender Imagination, und selbst ihre Auswüchse sind Verirrungen des Genies."* [19]

Wie aus diesen Rezensionen zu ersehen ist, ist die Aufnahme des Stückes von Anfang an sehr unterschiedlich. Im 19. Jahrhundert gibt es kaum große Aufführungen von *Kabale und Liebe*. Man entschuldigt es als „Jugendsünde" Schillers.
1808 führte August Wilhelm Schlegel (1767–1845) in einer seiner Vorlesungen *Über dramatische Kunst und Literatur* aus:

> *„Die Verirrungen, welche sie [Goethe und Schiller], anfänglich noch in Missverständnissen begriffen, veranlasst haben, während sie immer reinerer Klarheit entgegengingen, sind zum Teil schon in Vergessenheit versunken oder werden es bald sein; ihre Werke werden dauern; wir haben darin wenigstens die Grundlagen einer zugleich eigentümlich deutschen und echt künstlerischen dramatischen Schule. ... Unter diesen Umständen trat Schiller auf, mit allen Anlagen ausgerüstet, um zugleich auf die edleren Geister und auf die Menge stark zu wirken. Er dichtete seine frühesten Werke noch sehr jung, unbekannt mit der Welt, die er zu schildern unternahm, und wiewohl ein selbstständiger und bis zur Verwegenheit kühner Genius, dennoch von den eben erwähnten Vorbildern Lessings, Goethes in seinen früheren Arbeiten und Shak[e]speares, wie er ihn ohne Kenntnis des Originals verstehen konnte, mannigfaltig beherrscht.*

---

[19] Braun, Bd. I, S. 216. Zitiert in historischer Schreibweise.

4. Rezeptionsgeschichte

> *So entstanden seine Jugendwerke: ‚Die Räuber', ‚Kabale und Liebe', und ‚Fiesco'. ... ‚Kabale und Liebe' kann schwerlich durch den überspannten Ton der Empfindsamkeit rühren, wohl aber durch peinliche Eindrücke foltern."* [20]

Erst um die Jahrhundertmitte ändert sich die Einschätzung des Trauerspiels. Der Naturalismus lehnt eigentlich jegliches Pathos ab, aber die im Stück beinhalteten sozialkritischen Züge machen das Stück interessant und verhelfen ihm zu neuer Popularität.
Otto Brahm (1856–1912), der entscheidenden Anteil an der Ausbildung des naturalistischen Bühnenstils hatte, schreibt 1888 im ersten Band seines Schiller-Buches:

> *„Unter solchen Einwirkungen, unter dem mächtigen Druck einer neuen Kunstanschauung, welche Schiller selbst in typischen Werken ausprägte, mochte ‚Kabale und Liebe' in der allgemeinen Schätzung eine Zeit lang zurücktreten; aber je weiter wir von dem Werk abstehen, je unbefangener wir seinen socialen und seinen poetischen Gehalt haben erkennen lernen, in desto wärmerer Bewunderung treten wir vor diese einzige Schöpfung hin. Unzerstört und unzerstörbar ist der dramatische Gehalt des Werkes; und wie hoch auch Schiller an ästhetischer Einsicht und ethischer Klarheit noch gestiegen ist, unmittelbarere Bühnenwirkung hat er nirgends erzielt, als hier. ... ‚Kabale und Liebe' [ist] der alles überragende Gipfelpunkt; und wo immer eine kräftige Weltanschauung modernes Leben abzuspiegeln sucht im Licht der Scene, mag sie an diesem durch die Folge der Zeiten weithin sichtbaren Bilde sich in Größe und unerschrockener Wahrheit stärken."* [21]

---

[20] Norbert Oellers (Hrsg.): *Schiller – Zeitgenosse aller Epochen. Dokumente zur Wirkungsgeschichte Schillers in Deutschland.* T. 1. Frankfurt a. M.: Athenäum, 1970, S. 129.
[21] Brahm: *Schiller.* Bd. 1. Berlin: Hertz, 1888, S. 325.

4. Rezeptionsgeschichte

Friedrich Engels (1820–95) bemerkt in seinem Brief an die Schriftstellerin Minna Kautsky 1885:

„Ich bin keineswegs Gegner der Tendenzpoesie als solcher. Der Vater der Tragödie, Aeschilus, und der Vater der Komödie, Aristophanes, waren beide starke Tendenzpoeten, nicht minder Dante und Cervantes, und es ist das Beste an Schillers ‚Kabale und Liebe', dass sie das erste deutsche politische Tendenzdrama ist. ... ich meine, die Tendenz muss aus der Situation und der Handlung selbst hervorspringen, ohne dass ausdrücklich darauf hingewiesen wird, und der Dichter ist nicht genötigt, die geschichtliche zukünftige Lösung der gesellschaftlichen Konflikte, die er schildert, dem Leser in die Hand zu geben." [22]

Nach 1900 findet *Kabale und Liebe* einen festen Platz in den Spielplänen der deutschen Bühnen. Besonders Max Reinhardt setzt sich für dieses Stück ein. Zwischen 1904 und 1931 inszeniert er es in Berlin fünf Mal.

Totalitäre Systeme versuchen immer, die kulturelle Tradition für die eigene Ideologie zu nutzen, auch Schiller bleibt zwischen 1933 und 1945 nicht verschont. *Kabale und Liebe* gehört zu den am häufigsten aufgeführten Theaterstücken im Dritten Reich. So schreibt ein führender nationalsozialistischer Funktionär:

„Das einfache Volk ist der Jungbrunnen der Nation. Solange sein Fühlen und Wollen gesund ist, kann auch eine faulige Oberschicht das Leben der Gemeinschaft nicht auf die Dauer vergiften. Ein Funke idealistischen Feuers, aus der Volksseele in den Dunst der herrschenden Gesellschaft geschleudert, sprengt eine ganze Scheinwelt der Korruption und der Eigensucht in die Lüfte. Kostbare Einzelwesen mag die Wucht dieser Explosion zermalmen. Sie fallen als Opfer für die Gemeinschaft, die ihr Tod zu neuem Leben erweckt. ...

---

[22] Karl Marx / Friedrich Engels: *Über Literatur.* Ausgewählt und hrsg. von Cornelius Sommer. Stuttgart: Reclam, 1971, S. 82.

4. Rezeptionsgeschichte

> *In unerschöpflicher Symbolik verdeutlichte der kaum erwachsene Jüngling, der reife Mann und noch der Sterbende die großen, schicksalhaften Gegensätze: Führertum und Gewalthabertum, Gemeinsinn und Eigennutz, Druck und Empörung, Knechtschaft und Freiheit, Artbewusstsein und Artverleugnung, Volksgenossentum und Volkszersetzung, Glaubenskraft und Weltklugheit, Gottvertrauen und Gottentfremdung. Es sind die gleichen ‚großen Gegenstände', die auch heute wieder den erwachten Deutschen im Tiefsten bewegen.*
>
> *... Schiller als Nationalsozialist! Mit Stolz dürfen wir ihn als solchen grüßen. Mit Stolz – und mit Dankbarkeit. Denn niemand weiß, ob und was wir ohne ihn wären. Er war es, der mächtiger vielleicht als irgendein anderer den Idealismus des deutschen Volkes auch in der Zeit des Niederganges am Leben erhalten hat."* [23]

Nach 1945 beginnt eine neue, aspektreiche Auseinandersetzung mit *Kabale und Liebe*. Der folgende Text fasst die wesentlichen Punkte der Auseinandersetzung zusammen:

> *„Das eigentliche Spiegelbild seiner Zeit und ihrer Ängste aber fand das deutsche Theater nach 1945 in den ‚Räubern' und in ‚Kabale und Liebe'. Beide Stücke legen, wiewohl immer wieder auf ein religiöses Grunderlebnis verweisend und im Theologischen aufgefangen, eine durch und durch schadhafte, am Rande der Verzweiflung taumelnde Welt bloß und das in einem jähen Anspruch und mit einer ingrimmigen Entschlossenheit, die selbst die Schreckensbilder des existenzialistischen und des absurden Dramas noch als vergleichsmäßig harmlos erscheinen lässt. Nur an den beiden Frauengestalten hängt die in einem letzten, heroischen Auf- und Umschwung gewonnene moralische Rettung der Weltordnung. ... ‚Kabale und Liebe' wirkt auf dem heutigen Theater als das am meisten anklagende, pessimistischste, böseste und schwärzeste Stück im gesamten drama-*

---

[23] Hans Fabricius: *Schiller als Kampfgenosse Hitlers. Nationalsozialismus in Schillers Dramen.* Berlin: Deutsche Kulturwacht, 21934, S. 33 und 127 f.

tischen Schaffen Schillers. Daraus und nicht aus der Reproduktion ganz überwundener und uninteressant gewordener sozialer Verhältnisse erklärt sich offensichtlich das Rätsel seines andauernden Erfolges. In der Spielzeit 1954/55 lag das ‚bürgerliche Trauerspiel' an der Spitze aller Schilleraufführungen." [24]

Es gibt bisher sieben deutschsprachige Filmfassungen (siehe Literaturverzeichnis S. 128) von *Kabale und Liebe*. 1959 entsteht unter der Regie von Martin Hellberg in der DDR als Produktion der DEFA *Kabale und Liebe*. Es spielen u. a. Otto Mellies, Karola Ebeling, Martin Hellberg, Wolf Kaiser und Uwe Jens Pape. Das Drehbuch stammt von Martin Hellberg. Der Theaterkritiker Herbert Jhering (1888–1977) schreibt über eine Aufführung dieses Films:

„Gewiss hat sich Martin Hellberg, als er mit der DEFA die Verfilmung wichtiger klassischer Dramen beschloss, gedacht, das Kinoprogramm fortschrittlich zu aktivieren. Aber auch bei seinem letzten Versuch tritt das Gegenteil ein. Ich sah seine ‚Kabale und Liebe' an einem Nachmittag in einer Repertoirevorstellung des ‚Babylon' am Luxemburgplatz. Viele Jugendliche besuchten die Vorführung. Was geschah? Bei den Szenen, die sie an Kinoeffekte zu erinnern schienen, lachten die Schüler, also auch, als Ferdinand und Luise Gift nahmen. Sollte das Kritik an Schiller sein oder an den Schauspielern? Nein, es war das Schmunzeln über eine Sensation und bewies, dass Szenen des alten Theaters, die auf der Bühne auch bei mittleren Aufführungen im Zusammenhang mit dem zeitkritischen, aggressiven Inhalt wirken, im Film als isolierter Effekt aufgefasst werden können, die Schablone also nicht durchbrechen, sondern legitimieren.
Das bewies diese ‚Kabale und Liebe'. Wenn nun noch hinzukommt, dass der Regisseur sogar oft Poesie mit Weichheit und Tragik mit Tränen verwechselt, dann ist es ganz aus. ... So geht es nicht. Aber

---

[24] Günther Skopnik: *Die Dramen Schillers auf den Bühnen der Deutschen Bundesrepublik seit 1945.* In: Maske und Kothurn 5 (1959), S. 205 f.

4. Rezeptionsgeschichte

> *sogar, wenn der ganze Film härter angelegt worden wäre, die Jugend, die Arbeiter müssen Schiller auf dem Theater kennen lernen, müssen ihn lesen, der Film ist dafür kein Ersatz. Das Erlebnis dieser Nachmittagsvorstellung im ‚Babylon' hat mir nur bestätigt, dass es ein Irrtum bleibt, Theaterstücke direkt zu verfilmen."* [25]

In den 60er Jahren verändert sich die Rezeption des Stückes, jetzt wird gerade der private Konflikt in den Mittelpunkt gestellt. Den Anfang macht Peter Stein mit seiner Inszenierung.
Über Peter Steins (geb. 1937) Bremer Inszenierung von *Kabale und Liebe* im Jahre 1967 schreibt Botho Strauß (geb. 1944):

> *„Er [Peter Stein] stellt fest: In ‚Kabale und Liebe' ist das Traurigste die Liebe. Liebe, die – aus was für Gründen immer, wahrscheinlich aus einem verquälten Absolutheitswahn – nicht mehr eins ist mit sich, in Zweifel und Verdächte auseinander fiel, die ein gefährliches Prüfspiel geworden ist. Die Gleichgültigkeit gegenüber allem, das zur Grundspannung der rettungslosen Unbedingtheiten nichts beiträgt, bringt Stein dahin, dass er mancherlei kupiert, gar verkümmern lässt. ... Die Modernität entsteht an der Ideenfeindlichkeit einer pragmatisch sensiblen Szenenlogik, nach deren Maßgabe allein weggelassen, verengt, konzentriert wird. Die Prägnanz der Deutlichkeit, die nicht um Haaresbreite in Oberdeutlichkeit abrutscht, bestimmt Form und Kalkül dieser Aufführung."* [26]

Christof Nels Frankfurter Inszenierung aus dem Jahre 1977 folgt dem Ansatz Peter Steins, so jedenfalls sieht es der Theaterkritiker Benjamin Henrichs (geb. 1946):

> *„Diese Aufführung ist in Frankfurt eher missmutig aufgenommen worden. Dass sie sich nur auf die Privat- und Gefühlsaffären des Stücks*

---

25 Herbert Jhering: *Kabale und Liebe.* In: Sinn und Form 12 (1960), S. 157 f.
26 Botho Strauß: *Die Kraft der Diskretion.* In: Theater heute (1967), Nr. 12, S. 32.

4. Rezeptionsgeschichte

einlasse, die ‚historische Dimension' vernachlässige, war der beliebteste (und bequemste) Vorwurf gegen sie.
Ich finde diesen Vorwurf falsch. Nel hat lediglich ... geleugnet, dass sich von Schiller etwas über politische Geschichte lernen lässt. Der Dichter mag ein Professor für Historie gewesen sein: Die Auskünfte der ‚Maria Stuart' über englisch/schottische Geschichte sind ähnlich dubios wie die von ‚Kabale und Liebe' über deutschen Kleinstaat-Absolutismus. Schillers ungezügelter Effektsinn, sein Pathos, seine Formulierungswollust, sein skrupelloser dramaturgischer Verstand (der, um der Spannung willen, auch vor fragwürdigsten Tricks nicht zurückschreckt) – all das macht seine Stücke als Zeugnisse für eine geschichtliche Vergangenheit höchst unglaubwürdig. Wenn etwas in diesen Stücken ‚objektiv' aufbewahrt ist, dann ist es die Sprache, und was diese Sprache über Gefühle mitteilt. ...
Widersprochen wird der idyllischen Betrachtung des Stücks: Dass Luise und Ferdinand, die Bürgerin und der Aristokrat, unter anderen als feudalen Verhältnissen ein glückliches Paar werden könnten, Nel glaubt es nicht. Am Scheitern ihrer großen, unbedingten, ewigen Liebe ist nicht so sehr ein sozialer Missstand schuld, sondern vielmehr die Eigenart dieser Liebe selber. Die beiden (das klingt verstiegen, wird aber durch ihr verstiegenes Reden glaubhaft) sind gerade in die Unmöglichkeit ihrer Liebe verliebt. Eine Liebesgeschichte, die nur im Himmel (oder an einem anderen abstrakten Ort) wirklich werden kann, weil ihr auf Erden nicht zu helfen ist. Zwei ‚Kinder, die aus dem Leben gehen, um leben zu können' (Nel): Indem die Aufführung davon erzählt, ist sie sehr wohl ein Beitrag zur deutschen Geschichte, Gefühlsgeschichte." [27]

Die Aufführungen der folgenden Jahre lösen bei den Kritikern Ratlosigkeit aus, da bei dem Versuch, Schiller psychoanalytisch zu interpretieren, nur noch kaputte junge Leute agieren und ein Gefühl allgemeiner Ausweglosigkeit entsteht. Vor allem Ernst

---

[27] Benjamin Henrichs: *Geschichtsunterricht, Gefühlsunterricht.* In: Die Zeit, Nr. 27, 24. Juni 1977.

4. Rezeptionsgeschichte

Wendts Münchner Inszenierung 1978 zieht scharfe Kritik auf sich. In einem Gespräch mit Wilhelm Roth legt er seine Ideen zum Stück dar.

Auszüge aus einem Interview mit Ernst Wendt (*Rundschau* v. 10. 08. 1996):

„Ich glaube, man muss auch die älteren Stücke weiterentwickeln. Die Meinungen darüber sind ja sehr geteilt, aber Shakespeare etwa, oder Schiller, haben offener geschrieben, als es von ihren heutigen akademischen Auslegern behauptet wird. Eine Annäherung an einen Text wie ‚Kabale und Liebe', die genau vorschreibt, was szenisch zu passieren hat, wäre eine Absurdität. Schiller hat das gewusst, er hat das formuliert, als er das Stück an Dalberg, den damaligen Mannheimer Theaterdirektor geschickt hat. Das Stück hat so viele Risse und Widersprüche, und Schiller ist, als er das für die Mannheimer Bühne eingerichtet hat, damit so ruppig umgesprungen, wie ich mich das nie getrauen würde. Es war Selbstzensur zum Teil, es war Anpassung an Theaterkonventionen, es war der Versuch, eine Sache noch effektvoller fürs Theater herzurichten.
Wenn man das mal studiert, wie so ein Autor selber als Theatermann auf sein Werk reagiert, dann finde ich unsere heutige, eher zögernde und suchende Arbeit an solchen Texten geradezu unschuldig. Es ist ja nicht so, was immer unterstellt wird, wir hätten eine Lust daran, einen Text gewaltsam in die Gegenwart oder in unsere eigenen Obsessionen zu reißen und dabei mutwillig den Dichter zu zertrümmern. Das ist wirklich ein Quatsch. Jeder, der einmal auf einer Theaterprobe war, weiß eigentlich, dass das ein lustvoller, aber zugleich auch quälender, manchmal auch unsicher machender Vorgang ist, wenn man sich einem alten Text aussetzt – das heißt ja immer einem Text, hinter dem wir sprachlich weit zurück sind, hinter dem wir oft auch gefühlsmäßig weit zurück sind.
Wir beobachten bei der Arbeit an solchen Klassikern mit Fassungslosigkeit fast den Sprachverlust, den wir uns in den letzten 100 Jahren

4. Rezeptionsgeschichte

wahrscheinlich selbst zugefügt haben. Daraus entsteht ja manchmal eher ein Gefühl der Demut, der Ohnmacht auch, und andererseits natürlich der Versuch, da etwas zu retten. Dabei passieren uns auch Gewaltsamkeiten, das ist ohne weiteres möglich, Irrtümer, falsche Lesarten, aber dieser deutsche Oberlehrerglaube an Verbindlichkeiten, der ist gegenüber unserer Bemühung dann doch eher lächerlich.
[Über ‚Kabale und Liebe':]
Der Gedanke, dass in diesem Stück Liebe von den Männern als Besitztum verstanden wird, ist mir natürlich früh gekommen. ... Sowohl der alte Miller wie vor allem auch Ferdinand treten der Frau, der Luise, der Tochter im einen, der angeblichen Geliebten im andern Fall, wie Hausherren gegenüber, wie Besitzer. Es wäre ja auch verwunderlich, wenn ein Ferdinand die Haltung seines Standes, aus dem er kommt, sofort abstreifen würde, nur weil er glaubt, er hat sich in ein bürgerliches Mädchen verliebt. Der wird ja nicht gesellschaftlich unschuldiger in dem Moment, und der Konflikt, der da entsteht, beruht ja gerade darauf, dass er es nicht werden kann. Man denkt immer, ‚Kabale und Liebe' ist eine Liebesgeschichte, und sie wird dann irgendwann im Laufe des Stückes zerstört. Ich denke inzwischen, dass da schon zerstörte Figuren auf die Bühne kommen. Das ist eine sicher grundsätzliche Abweichung von der Mehrzahl bisheriger Lesarten, aber die Indizien im Text für solche psychische Verkrüppelungen, an die in dem Stück nur noch die Lunte gelegt wird, bis es zur endgültigen, wahnsinnigen Explosion kommt, die Indizien sind so zahlreich, dass man da, wenn man nicht blind ist, gar nicht vorbeisehen kann."

In den 90er Jahren rückt die von Rezensenten oft geforderte Rückbesinnung auf Schillers Werte in den Vordergrund.
Michael Thalheimer kürzt 2002 das Stück radikal auf Kinofilmlänge zusammen und verstärkt die Wirkung durch Musik. Ein Weg, der überzeugt, wenn man den Rezensenten Glauben schenkt.

4. Rezeptionsgeschichte

"*Du und ich und die Liebe, ... das muss und doch reichen, meint Ferdinand (Felix Knopp) verzweifelt und beschwörend zu seiner Luise (Fritzi Haberlandt). Doch Schillers ‚Kabale und Liebe' zeigt, dass die Liebe nicht im luftleeren Raum existiert, sondern von den gesellschaftlichen Bedingungen abhängig ist. Das muss auch das Liebespaar im Thaliatheater leidvoll erfahren. Thalheimer gelingt in seiner Inszenierung eine zeitlose Übertragung des Stoffes. Bei ihm werden die für Schiller zentralen Themen der Ehre, der Jungfräulichkeit, der höfischen Konventionen und des Standesdünkels zur Nebensache. Er belässt sie nur insoweit, wie sie für den Fortgang des Grundgerüstes der Handlung nötig sind. ... Klug und durchdacht analysiert Thalheimer die Illusionsgeschichte einer Liebe und ihrer hinderlichen Begleitumstände.*" [28]

---

28 Birgit Schmalmack zur Premiere von *Kabale und Liebe* am Thalia Theater in Hamburg am 02. 05. 2002, unter http://www.hamburgtheater.de/Frame1168.html)

5. Materialien

Über das Leben am Württembergischen Hof:

„Nicht weniger glänzend als die Geburtsfeste, fährt unser Berichterstatter[1] fort, waren die Festinjagden[2], die bald in dieser, bald in jener Gegend des Landes veranstaltet wurden. Der Herzog liebte diese Art von Vergnügen ebenso leidenschaftlich als er andererseits der kostspieligsten Baulust frönte. Ein zahlreiches Korps[3] von höhern und niedern Jagdbedienten war ihm zu Gebote. Seiner Nachsicht gewiss durften sie sich die rohesten Misshandlungen und die schreiendsten Ungerechtigkeiten gegen den seufzenden Landmann erlauben. Man zählte in den herrschaftlichen Zwingern und auf den mit dieser Art von Dienstbarkeit belasteten Bauerhöfen über tausend Jagdhunde. Das Wild ward im verderblichsten Uebermaße gehegt. Heerdenweise fiel es in die Aecker und Weinberge, die zu verwahren den Eigenthümern streng verboten war, und zerstörte oft in einer Nacht die Arbeit eines ganzen Jahres; jede Art von Selbsthilfe ward mit Festungs- und Zuchthausstrafe gebüßt, nicht selten gingen die Züge der Jäger und ihres Gefolges durch blühende und reifende Saaten. Wochenlang wurde oft die zum Treiben gepresste Bauernschaft, mitten in den dringendsten Feldgeschäften, ihren Arbeiten entrissen, in weit entfernte Gegenden fortgeschleppt. Ward, was nicht selten geschah, eine Wasserjagd auf dem Gebirge angestellt, so mussten die Bauern hierzu eine Vertiefung graben, sie mit Thon ausschlagen, Wasser aus den Thälern herbeischleppen und so einen See zu Stande bringen." [29]

1 *Berichterstatter:*	Urivat, der Bibliothekar des Württemberger Herzogs
2 *Festinjagd:*	von frz. festin: prunkvolles, festliches Mahl
3 *Korps:*	von lat. corpus: Körper, Gruppe

---

29 Johannes Scherr: *Deutsche Kultur- und Sittengeschichte.* Leipzig 51873, S. 434. Zitiert in historischer Schreibweise.

5. Materialien

Über das Mätressenwesen

„Nichts ist so sehr geeignet uns die furchtbare Macht des von oben gegebenen Beispiels kecker Hinwegsetzung über die hergebrachte Sitte und das allmälige Umsichgreifen einer lasterhaften Gewohnheit vor Augen zu stellen als die Geschichte der Mätressenwirthschaft an den deutschen Höfen. Als zuerst einzelne Fürsten, halb schüchtern noch, ihren unordentlichen Neigungen in dieser Richtung freien Lauf ließen, da zeigte sich die öffentliche Sitte dadurch aufs Höchste empört. Die ersten fürstlichen Geliebten wurden, wie ein Schriftsteller aus dem vorigen Jahrhundert erzählt, vom Volke mit Koth beworfen. Die protestantische Geistlichkeit hielt sich in ihrem Gewissen verpflichtet den Fürsten ernstliche Vorstellungen wegen der Sünde zu machen, die sie durch solche Ausschweifungen begingen. ... Auch die weltlichen Rathgeber der Fürsten versuchten anfangs dieselben von solchen ungesetzlichen Verbindungen zurückzuhalten, deren schädlichen Einfluss auf die öffentliche Moral wie auf die Verwaltung der Länder sie wohl voraussahen. Aber dieser Widerstand war in der Regel nur kurz und ohnmächtig. An der Stelle sittenstrenger Theologen fanden sich andere, welche minder scrupulös waren. Die Beamten oder Hofdiener, welche sich dem Einfluss einer Mätresse nicht beugen oder ihr die gebührende Ehrerbietung nicht erweisen wollten, wurden durch gefügigere ersetzt.

... Das Volk verlernte allmälig seine anfängliche sittliche Entrüstung gegen die fürstlichen Buhlerinnen und jauchzte am Ende selbst diesen zu, wenn sie an ihm im Glanze des mit seinem Schweiße bezahlten Schmuckes vorüberfuhren oder mit verschwenderischer Hand die goldenen Gaben ausstreuten, womit die Freigebigkeit ihrer fürstlichen Geliebten sie überschüttete. Zuletzt hatte sich die öffentliche Meinung so sehr an diese Mätressenwirthschaft gewöhnt, dass eine Mätresse als ein nothwendiger Bestandtheil jeder fürstlichen Hofhaltung, ihre Abwesenheit als ein fühlbarer Mangel erschien. ‚Nun fehlt unserem Fürsten nichts mehr als eine schöne Mätresse!', rief gerührt ein Bürger der Residenzstadt eines kleinen Fürstenthums aus, als er seinen jungen Fürsten, mit seiner soeben angetrauten liebenswürdigen Gemahlin, von Zufriedenheit strahlend vorüberfahren sah. ... Carl Eugen von Würtemberg ... vertheil-

te seine Gunstbezeigungen, neben den erklärten, officiellen Mätressen, an die sämmtlichen Sängerinnen und Tänzerinnen seiner Oper und seines Ballets, hatte auch außerdem noch häufige Liebschaften in den Residenzen und im Lande umher." [30]

Über den Soldatenhandel

„Die ganze Summe der Truppen, welche die sämmtlichen deutschen Staaten für gewöhnlich unter den Waffen hatten, schätzte man auf 625.000 Mann, was bei etwa 29 Millionen Einwohnern ungefähr 2, 16 Proc. der Bevölkerung ausmacht.

Für die Fürsten freilich war eine solche unverhältnißmäßig starke Militärmacht oftmals eine sehr glückliche Finanzspeculation theils durch die Subsidien[1], welche sie sich von fremden Mächten für ihre Bundesgenossenschaft oder ihre Neutralität zahlen ließen, theils auf noch directerem Wege durch die Lieferung von Soldaten in fremde Kriegsdienste. Dieser Menschenhandel, den unser großer Dichter Schiller in seinem Drama ‚Kabale und Liebe' so vernichtend gebrandmarkt hat, war in der That beinahe das Aergste, was der landesväterliche Despotismus jener Zeit dem in alles sich geduldig fügenden Sinne des deutschen Volkes zu bieten wagte. ...

Am schamlosesten ... ward dieser Menschenhandel während des Krieges der Engländer gegen ihre nordamerikanischen Colonien getrieben. Während der acht Jahre 1775-1783 erfolgten gegen Geld die nachbenannten Truppenlieferungen aus deutschen Ländern:

von Braunschweig	*5.723 Mann oder 3, 45 % der Bevölkerung*
von Hessen-Cassel	*16.992 Mann oder 4, 55 % der Bevölkerung*
von Hessen-Hanau	*2.422 Mann oder 3, 95 % der Bevölkerung*
von Ansbach	*1.644 Mann oder 0, 79 % der Bevölkerung*
von Waldeck	*1.225 Mann oder 1, 50 % der Bevölkerung*
von Anhalt-Zerbst	*1.160 Mann oder 5, 05% der Bevölkerung*
im Ganzen	*29.166 Mann*

---

30 Karl Biedermann: *Deutschland im 18. Jahrhundert.* Band 2.1. Leipzig 1857. Nachdruck der Ausgabe Leipzig, Aalen: Scientia, 1969, S. 100 f., S. 102. Zitiert in historischer Schreibweise.

Davon gingen verloren:

von Braunschweig	*3.015 Mann*
von Hessen-Cassel	*6.500 Mann*
von Hessen-Hanau	*981 Mann*
von Ansbach	*461 Mann*
von Waldeck	*720 Mann*
von Anhalt-Zerbst	*176 Mann*
im Ganzen	*11.853 Mann*

Die Einnahmen der Landesväter für den Verkauf ihrer Landeskinder setzten sich aus verschiedenen Posten zusammen, waren auch zum Theil verschieden je nach den speciellen Verträgen, die darüber abgeschlossen wurden. Zuvörderst erhielt der Landesherr ein bestimmtes Werbegeld für jeden einzelnen Soldaten. Dieses betrug gleichmäßig überall 30 Kronen Banco zu etwas über 5 Mark, also etwa 150 Mark. Für einen gefallenen oder drei verwundete Soldaten erhielt der Landesherr nochmals das Werbegeld von 30 Kronen, musste dafür aber einen Ersatzmann schaffen. Außerdem machten sich die meisten Fürsten eine jährliche ‚Subsidie' aus, die nicht nur während des Krieges, sondern auch noch zwei Jahre nach dem Kriege, und zwar dann verdoppelt (weil dann die Löhnung der Truppen aus fremdem Gelde aufhörte) gezahlt werden musste; der Landgraf von Cassel war so schlau sich eine solche doppelte Subsidie gleich von Anfang an auszubedingen, die dafür aber nur noch ein Jahr nach dem Schluss des Krieges fortdauern sollte. Bei früheren Gelegenheiten hatten deutsche Fürsten auch von der hohen englischen Löhnung, die bedeutend mehr betrug als die gewöhnliche deutsche, dieses Mehr in ihre eigenen Taschen gesteckt. In den Verträgen wegen des amerikanischen Krieges setzte man englischerseits deshalb fest, dass diese Löhnung direct an die Truppen ausgezahlt werden sollte – eine fremde Regierung musste das Interesse der deutschen Soldaten gegen ihre eigenen Fürsten wahrnehmen! …

Eine eigene bittere Ironie lag außerdem noch darin, dass diese unglücklichen Schlachtopfer fürstlichen Eigennutzes ihr Leben an die Unterdrückung der Freiheit einer andern Nation setzen mussten, und das in demselben Augenblicke, wo der Freiheitskampf der Amerikaner von deutschen Dichtern und Philosophen als die Morgenröthe einer neuen, besseren Zeit auch für Europa und für Deutschland gefeiert ward." [31]

1 *Subsidien:* Hilfsgelder, die ein Staat einem Verbündeten zahlt.

Über die bürgerliche Kleinfamilie

„Die gesamtgesellschaftliche Durchsetzung der bürgerlichen Kleinfamilienstruktur ist ein sehr langer Prozess, der erst im 19. Jahrhundert an wirklicher Breitendynamik gewinnt. Doch innerhalb dieser Gesamtentwicklung findet im 18. Jahrhundert offenbar eine erkennbare Zäsur statt. Das wichtigste Merkmal der Familienstruktur des Mittelalters, wie sie bis ins 19. Jahrhundert hinein im Adel, im zünftischen Bürgertum und in der Bauernschaft herrschte, war die prinzipielle Einheit von Arbeits- und Wohnbereich. Werkstatt oder Stall, Küche, Wohn- und Schlafraum lagen unter einem Dach, oft wohnten Gesellen, evtl. Gesinde, dazu Großeltern und andere Anverwandte mit im gleichen Haus. In der bürgerlichen Kleinfamilie liegt die Arbeitsstelle des Vaters, Werkstatt, Kontor oder Büro, außerhalb des Hauses; Wohn-, Ess- und Schlafräume bilden einen eigenen Bereich. Diese Trennung von Arbeits- und Familienleben hat weit reichende Folgen. Die Kinder werden nicht mehr im Zusammenhang der Arbeitswelt aufgezogen, sondern im Schoße der Familie; die Frau arbeitet nicht mehr in der Werkstatt oder im kleinen Laden, sondern wird auf den enger werdenden Familienbereich beschränkt: Haushalt und Kindererziehung werden ihre vordringlichen, bald ausschließlichen Aufgaben.

Entsprechend der Absonderung vom Arbeitsbereich und bald auch zur Kompensation von wachsender Versachlichung, bildet sich innerhalb der Familie größere Intimität heraus. Die Kindererziehung wird zum eigentlichen Problem, sie wird emotionalisiert und intimiert: dass Kinder nicht kleine Erwachsene sind, sondern eigene Wesen mit besonderen

---

31 Karl Biedermann: *Deutschland im 18. Jahrhundert.* Band 1. Leipzig 1854. Nachdruck der Ausgabe Leipzig, Aalen: Scientia, 1969, S. 200–203. Zitiert in historischer Schreibweise.

5. Materialien

Bedürfnissen nach Schutz und Zuwendung, die ‚Entdeckung der Kindheit' wird überhaupt erst im 18. Jahrhundert aktuell.
Das führt zu einer wachsenden Rollentrennung zwischen strengem Vater (zuständig für den Außenbereich) und liebend-gewährender Mutter (zuständig für Nestwärme und Kindererziehung). Die Frau bekommt damit die alleinige Verantwortung über den aus dem gesellschaftlichen Arbeitszusammenhang ausgesonderten Raum ‚Familie' zugewiesen, sie muss ihn faktisch, vor allem aber moralisch zusammenhalten und der Mann ‚draußen im feindlichen Leben' muss sich darauf verlassen können, dass ‚drinnen' die Hausfrau ‚züchtig waltet'. Denn das patriarchalische Prinzip, die Vorherrschaft des Mannes in der Familie, ist in der Kleinfamilie nicht etwa aufgehoben, sondern eher noch verstärkt. Die Dominanz des Mannes und seiner Autorität ist jetzt auch in seiner Abwesenheit zu sichern und das führt zur Herausbildung neuer psychischer Strukturen. Die Vermittlung der gesellschaftlichen Wertvorstellung, wie sie die Kindererziehung bedeutet, muss jetzt im von der Gesellschaft abgeschlossenen Raum Familie vor sich gehen; die Kinder lernen nicht mehr durch Nachahmung im lebendigen Kontakt mit der Arbeits- und Lebenswelt der Erwachsenen, sondern sie lernen durch Verinnerlichung von Werten, die die Mutter repräsentiert. Nur in der Kleinfamilie konnte sich gesamtgesellschaftlich der neue Ich-Typ des industriellen Zeitalters herausbilden, der innengeleitete, auf Triebsublimierung und Selbstbestimmung ausgerichtete Unternehmer, höhere Beamte, Selbstständige etc.
… Das Interesse der neuen bürgerlichen Schichten gilt nicht der Emanzipation der Mädchen und Frauen, sondern dem Funktionieren ihrer zentralen Sozialisationsform, der Familie, und dazu war zwar der freiwillige Akt der Partnerwahl durch die Frau unabdingbar, aber zugleich musste sichergestellt sein, dass sie ihre Freiheit nicht missbrauchte, dass also zwei mögliche Fehlentscheidungen vermieden wurden: Das Mädchen durfte seinen einzigen Akt freier Entscheidung nicht als Schritt in sexuelle Freiheit missbrauchen, es musste tugendhaft sein, und: Es musste seine Wahl ‚vernünftig' treffen, also einen in möglichst vieler Hinsicht passenden Ehepartner aussuchen und nicht z. B. einen Tunichtgut, Faulen oder Geldverschwender. ‚Tugend' und ‚Vernunft' sind die Werte,

über die die männlich-patriarchalische Gesellschaft ihre Aufsicht auch über die notwendig gewordene freie Liebeswahl der Frau auszuüben sucht. Für die beiden Werte stand in der Familie der Tochter der Vater, wie in der Familie der späteren Ehefrau der Gatte. Der ‚autonome' Akt der Liebesentscheidung ist nicht nur auf einen Punkt oder engen Zeitraum eingeengt als Übergang von einer Bindung in eine andere, sondern seine prinzipielle Autonomie und Freiwilligkeit steht zugleich unter den inhaltlichen Einschränkungen von Tugend und Vernunft.

Es ist dieser Widerspruch, der die erzieherische Mädchen- und Frauenliteratur im 18. Jahrhundert hervortreibt; es ist dieser Widerspruch, der das Konfliktmuster des bürgerlichen Trauerspiels abgibt; es ist der Widerspruch, der die Rolle bürgerlicher junger Frauen vom 18. Jahrhundert bis heute entscheidend prägt und das Rollenkonzept des ‚bürgerlichen Trauerspiels' auch heute noch aktuell sein lässt." [32]

---

32 H. und M. Herrmann: *Zum Verständnis des Dramas Kabale und Liebe*. In: H. G. Roloff (Hrsg.): Grundlagen und Gedanken. Frankfurt a. M.: Diesterweg, 1997, S. 16–19.

Literatur

Ausgaben

Schiller, Friedrich: *Kabale und Liebe*. Ein bürgerliches Trauerspiel (1784). Stuttgart: Reclam, durchgesehene Ausgabe 2001.
(Nach dieser Ausgabe wird zitiert.)

Burger, Heinz O. (Hrsg.): *Schillers Werke*. Nationalausgabe. Bd. 5: Kabale und Liebe. Kleine Dramen. Weimar: Verlag Hermann Böhlaus Nachfolger, 1957.
(In den Fußnoten zitiert mit der Sigle NA)

Sekundärliteratur

Baasner, R. und Reichard, G.: *Epochen der deutschen Literatur*. Sturm und Drang. CD-Rom Hypertext-Informationssystem. Stuttgart: Reclam, 1999.
(Gut gemacht für Unterricht, als Schülerhilfe und Informationsquelle)

Biedermann, Karl: *Deutschland im 18. Jahrhundert*. Band 1 Leipzig 1854, Band 2 Leipzig 1857. Nachdruck der Ausgabe Leipzig, Aalen: Scientia, 1969.

Braun, Julius W.: *Schiller und Goethe im Urtheile ihrer Zeitgenossen*. Abt. 1: Schiller. Bd. 1. Leipzig: Schlicke, 1882.

Brahm, Otto: *Schiller*. Bd. 1. Berlin: Hertz, 1888.

Fabricius, Hans: *Schiller als Kampfgenosse Hitlers*. Nationalsozialismus in Schillers Dramen. Berlin: Deutsche Kulturwacht, ²1934.

Grabert, Willy (Hrsg.): *Geschichte der deutschen Literatur*. München: Bayrischer Schulbuch-Verlag, 1984.

Guthke, Karl: *Kabale und Liebe*. In: Schillers Dramen. Neue Interpretationen. Hrsg. von Walter Hinderer. Stuttgart: Reclam, 1979, S. 59–86.

Henrichs, Benjamin: *Geschichtsunterricht, Gefühlsunterricht. Über das Schauspiel Frankfurt und die Nützlichkeit der Verwirrung*. In: Die Zeit. Nr. 27. 24. Juni 1977.

Literatur

Herrmann, H. und M: *Zum Verständnis des Dramas Kabale und Liebe.* In: Grundlagen und Gedanken zum Verständnis des Dramas. Hrsg. von H. G. Roloff. Frankfurt a. M.: Diesterweg, 1997.

Jhering, Herbert: *Kabale und Liebe.* In: Sinn und Form 12 (1960).

Janz, R.: *Schillers ‚Kabale und Liebe' als bürgerliches Trauerspiel.* In: Jahrbuch der deutschen Schillergesellschaft 20 (1976), S. 208–228.

Kraft, H. (Hrsg.): *Andreas Streichers Schiller Biographie.* Mannheim: Bibliographisches Institut, 1974, S. 104 ff.

Ludwig, Martin: *Friedrich Schiller. ‚Kabale und Liebe'.* Königs Erläuterungen und Materialien. Hollfeld: Bange, ⁹1998.

Martini, Fritz: *Schillers ‚Kabale und Liebe'. Bemerkungen zur Interpretation des Bürgerlichen Trauerspiels.* In: Der Deutschunterricht Heft 4/1952, S. 18–39.

Marx, Karl und Friedrich Engels: *Über Literatur.* Ausgewählt und hrsg. von Cornelius Sommer. Stuttgart: Reclam, 1971.

Mehring, Franz: *Schiller. Ein Lebensbild für deutsche Arbeiter.* Leipzig: Verlag der Leipziger Buchdrucker, 1905.

Mehring, Franz: *Schillers ‚Kabale und Liebe'* (1909). In: Franz Mehring: Aufsätze zur deutschen Literatur von Klopstock bis Weerth. Berlin: Dietz, 1961.

Müller, Hans: *Lektürehilfen. Friedrich Schiller: ‚Kabale und Liebe'.* Stuttgart: Klett, 1987.

Müller, Joachim: *Der Begriff des Herzens in Schillers ‚Kabale und Liebe'.* In: Müller, Joachim: Das Edle in der Freiheit. Leipzig: Koehler & Amelang, 1959. S. 93–107.

Müller, Joachim: *Schillers ‚Kabale und Liebe' als Höhepunkt seines Jugendwerkes.* In: Müller, Joachim: Wirklichkeit und Klassik. Beiträge zur deutschen Literaturgeschichte von Lessing bis Heine. Berlin: Verlag der Nation, 1955, S. 116–148.

Müller-Seidel, Walter: *Das stumme Drama der Luise Millerin.* In: Goethe. Neue Folgen des Jahrbuchs der Goethe-Gesellschaft 17 (1955). S. 91–103.

Literatur

Oellers, Norbert (Hrsg.): *Schiller – Zeitgenosse aller Epochen.* Dokumente zur Wirkungsgeschichte Schillers in Deutschland. T. 1. Frankfurt a. M.: Athenäum, 1970.

Pickerodt-Uthleb, E.: *Kabale und Liebe.* In: Ekkehart Mittelberg (Hrsg.): Klassische Schullektüre Kabale und Liebe. Berlin: Cornelsen, 2000.

Schafarschik, Walter: *Friedrich Schiller ‚Kabale und Liebe'.* Stuttgart: Reclam, 1980.

Scherr, Johannes: *Deutsche Kultur- und Sittengeschichte.* Leipzig: Becker, ^{5}1873.

Schiller Friedrich: *Was kann eine gute stehende Bühne eigentlich bewirken?* In: Schiller, Friedrich: Sämtliche Werke. Hrsg. von Gerhard Fricke und Herbert G. Göpfert. Band 5, München: Hanser, 1960, S. 823–831.

Skopnik, Günther: *Die Dramen Schillers auf den Bühnen der Deutschen Bundesrepublik seit 1945.* In: Maske und Kothurn 5 (1959).

Schmalmack, Birgit am 10. 05. 2002 zur Premiere von *Kabale und Liebe* am Thalia Theater in Hamburg am 02. 05. 2002 unter http://www.hamburgtheater.de/Frame1168.html

Strauß, Botho: *Die Kraft der Diskretion. Die Bremer Inszenierung ‚Kabale und Liebe' von Peter Stein.* In: Theater heute (1967) Nr. 12.

Thalheim, Hans-Günther: *Volk und Held in den Dramen Schillers.* In: Thalheim, Hans-Günther: Zur Literatur der Goethezeit. Berlin: Rütten & Loening, 1969, S. 93 ff.

Wendt, Ernst. In: Rundschau vom 10. 08. 1996.

Wohlgemut, Johann. In: Westfälische Rundschau vom 07. 04. 1990.

Literatur

Materialien aus dem Internet

http://www.gutenberg2000.de/autoren/schiller.htm
(Texte von Schiller online bei Projekt Gutenberg)

http://www.xlibris.de/Autoren/Schiller/Schiller.htm
(Xlibris-Site: Biografie, Bibliografie, Werkbeschreibungen)

http://www.friedrich-von-schiller.de
(Site des Internet-Verlages Turandot für Wissenschaft und Bildung Berlin)

http://www.schillerstadt-marbach.de
(Site der Stadt Marbach am Neckar)

http://www.dla-marbach.de
(Site des Schiller-Nationalmuseums und Deutschen Literaturarchives)

Bitte melden Sie dem Verlag „tote" Links!

Kabale und Liebe – **deutschsprachige Verfilmungen**

Kabale und Liebe. BRD (Verfilmung für das Fernsehen/ARD/SFB) 1955.
Regie: Curt Götz-Pflug.

Kabale und Liebe. DDR 1959.
Regie: Martin Hellberg.

Kabale und Liebe. BRD (Verfilmung für das Fernsehen/ARD/NWRV) 1959.
Regie: Harald Braun.

Kabale und Liebe. Österreich (Verfilmung für das Fernsehen/ORF) 1965.
Regie: Erich Neuberg.

Kabale und Liebe. BRD (Verfilmung für das Fernsehen/ARD/WDR) 1967.
Regie: Gerhard Klingenberg.

Kabale und Liebe. BRD (Verfilmung für das Fernsehen/ARD/BR) 1980.
Regie: Heinz Schirk.

Kabale und Liebe. DDR (Verfilmung für das Fernsehen) 1982.
Regie: Piet Drescher.